KB102512

언바운드

언바운드

게임의 룰을 바꾸는 사람들의 성장 법칙

조용민 지음

UNBOUND

İNFLUENTIAL
인 플 루 엔 셜

당연한 것, 진부한 것, 뻔한 것에 맞서

○●● **보이는 것 너머를 본다는 것**

에피소드 하나. 코로나19 상황이 닥치기 몇 달 전 메조미디어Mezzo Media 정승훈 팀장님과 치맥집에서 시간을 보내고 있었다. 잠시 화장실을 다녀오는 중에 두 테이블에서 동시에 나를 불러세운다. "여기 무 가져다 달라고 했는데 아직 안 왔어요." "생맥주 500 한 잔 더 주세요." 적잖이 황당했지만 일단 무는 가져다 드렸다. 생맥주는 따르는 기술이 없어 종업원분에게 대신 말을 전했다.

에피소드 둘. 늦은 밤 역삼역 근처 편의점에서 나오는데, 웬 중

년 남자분들이 나를 보며 손짓한다. 혹시 아는 분인가 싶어 공손히 다가서니, 차 키를 던져주며 하는 말씀. "아니, 대리가 빨리빨리 다녀야지!"(너무 자연스러워 하마터면 모셔다드릴 뻔했다.)

에피소드 셋. 논산 훈련소 입대 날, 훈련복으로 갈아입고 나서 연병장으로 나가는데, 동기 훈련병들이 지레 겁을 먹은 얼굴로 내게 경례를 한다. 그 뒤 자대 배치를 받은 미군 부대에서도 똑같은 일이 벌어졌다(뒷날 물어보니 부대에 굉장히 오래 살아온 사람의 느낌이었다고 한다).

기타 에피소드. 베이징이나 상하이에서는 중국 소도시에서 여행 온 관광객들이 (마찬가지로 초행인) 내게 현지인이나 알 법한 곳을 중국어로 물어보는 일이 다반사였다. 모 기업의 트렌드 강연에 가서는 "마술사 순서는 다음다음"이라며 무대 앞 대기실 입장을 저지당하기도 했다.

웃픈 내 경험들로 이야기를 꺼냈지만, 살다 보면 우리가 당연하다고 생각하는 사실이 실제와 전혀 다를 때가 많다. 우리가 정의 내린 현상이나 사물의 속성이 본질과 큰 차이가 있을 때도 있다. 하지만 고착화된 관점으로 세상을 판단하고 문제를 해결하려다 보면, 무료하고 변화 없는 삶을 살게 되는 것은 물론 수많은 기회를 놓치게 되거나 혹은 위기로 받아들이게 되고, 내가 가진 자원마저 폄훼하게 된다. 그래서 나는 늘 강조한다. 항상 문제를 새롭게 바라 보고 이를 새로운 방식으로 해결해보려는 습관, 즉 '새로운 관점'을 가져보려는 시도를 매일 해보라고 말이다. 그것이 바로 인간이 지닌 인지적 한계를 극복하고, 단편적인 일상을 좀 더 다채로운 인생으로 변모시키는 열쇠가 아닐까 생각한다.

○●● 진정한 변화가 시작되는 곳

관점은 사물과 현상을 바라보고, 분별하고, 이해하는 방식이다. 눈에 보이는 표면적 상태뿐 아니라 그 너머, 혹은 그 안에 내재된 가치를 발견하는 것이라고도 할 수 있다. 그런데 세상 모두가 태어날 때부터 다양한 관점을 갖추고 있는 것 같지는 않다. 모든 사람이 문제를 다양한 각도에서 바라보고 해결하는 자세를 갖추고 있다면, 세상이 지금처럼 갈등과 차별의 문제로 심각하지는 않을 테니 말이다. 많은 사람이 삶의 방향을 제대로 설정하지 못하고, 눈앞의 문제에만 급급한 채 주도적인 인생을 살지 못하는 것도 어쩌면 다양하고 새로운 관점이 부재하기 때문인지 모른다. 그렇다고 실망할 필요는 없다. 관점을 다양화하는 능력은 날 때부터 정해지는 것이 아니며, 개인의 의지와 노력에 따라 얼마든지 성장시킬 수 있기 때문이다. 나 역시 인생의 여러 국면을 거치며 내 안의 관점이 풍성해지기도, 때로 빈약해지기도 하는 경험을 했다.

개인이 지닌 관점의 폭, 그리고 타인의 관점에 대한 수용성은 성장배경이나 교육 여건, 자신이 속한 준거 집단에 따라 크게 달라진다. 그동안 나는 열악한 환경 속에서도 의식적인 노력과 훈련으로 시각의 지평을 넓히는 사람들을 여럿 만나 왔다. 그들은 학습의 범주에서 벗어나 다양한 장르의 전시를 관람하거나 새로운 레스토랑에서 새로운 요리를 접하는 등 일상 틈틈이 외적 요소에 자신을 노출시킨다. 일을 할 때도 마찬가지다. 수준 높은 프레젠테이션, 명징하게 분석된 애널리스트 리포트, 혹은 나와 전혀 다른 생각을 지닌 사람을 열린 마음으로 접하며 고정화된 내 안의 관점들을 계속 혁신해간다. 하지만 이보다 더 중요한 것이 있다. 관점을 갖춤에 있어 외부의 인식뿐 아니라 나 자신을 착시하고 있지는 않은지 스스로를 점검하는 일이다. 삶의 문제를 해결하는 최고의 무기는 결국 우리 자신이다. 자신의 강점과 약점을 완벽하게 파악하기는 어렵겠지만, 나를 객관적으로 바라보려는 노력을 끊임없이 기울일 필요가 있다.

○●● 자신을 '언바운드' 하라!

"이종_{異種}의 것을 연결할 때 새로운 것이 탄생한다"는 말이 있다. 하지만 전제가 있다. 알고 보면 엄청난 잠재력이 있는 내 주변의 자원들을 '이종'이라는 굴레에 가두지 않는 것이다. 연결의 대상은 꼭 특별한 것이 아니어도 좋다. 오히려 평범해 보이는 재료가 서로 연결될 때, 전에 없이 특별한 가치로 탄생된다는 사실을 기억해야 한다.

우리 자신에 대해서도 마찬가지다. 하나의 틀에 갇혀 있지 않은 '언바운드Unbound'한 관점으로 내 안의 잠재력을 매일 다르게 재정의해보자. 만일 내 삶에 새로운 문제를 마주할 '기회(위기라 부르지 말자)'가 생긴다면 자신만의 새로운 솔루션을 시도해보기 바란다. 평소 여러 사람들이 운집한 강연장에서 질문 한 번 던져본 적이 없다면 인생 첫 질문을 날려보거나, 말이 많아 문제였다면 하루종일 미소만 띠고 있거나, 주기만 하고 받아본 적 없는 관계라면 내친김에 뭔가 하나 더 줘보거나 등등. 이렇게 게임 캐릭터를 바꿔나가는 듯한 다채로운 시도는 내 안의 숨은 가능성을 일깨워줄 것이다.

요즘 들어 나는 자주 이런 생각을 하게 되는데, 근래 접하게 된 몇몇 트렌드에서 배운 바가 있기 때문이다. 나는 한국 대중음악을 즐겨 듣는 편인데 얼마 전 〈내 루돌프〉라는 노래를 들었다. 우선 음악 자체가 끌렸다. 가사는 특이하지만 멜로디와 편곡 방식이 너무 좋았다. 누가 불렀나 살펴보니 남성 2인조 아이돌 그룹 매드몬스터였다. 그런데 그들의 무대 영상을 찾아보다 헛웃이 터져버렸다. 격렬한(?) 안무를 소화하는 순간순간 그들의 얼굴이 바뀌었기 때문이다. 비현실적으로 잘생긴 그들의 얼굴이 '덜' 잘생긴 얼굴로 변하는데, 날렵한 턱과 커다란 눈, 오똑한 코로 보정해주는 카메라 필터가 벗겨지면서 '본래' 얼굴이 튀어나오는 것이다. 두 멤버는 원래 코미디언이지만, 매드몬스터로 활동할 때면 철저히 그 사실을 숨긴다. 그리고 각자 부캐를 설정해, 요즘 세상을 비꼬기라도 하듯 카메라 필터를 통해 외모 원탑의 듀오로 거듭난다. 필터가 벗겨져 본래의 얼굴과 몸매가 드러나는 것, 그것이 그들의 가장 큰 매력 포인트다. 뻔한 거짓말임에도 팬들은 기꺼이 속아주며 그들을 응원한다.

사실 부캐는 그다지 새로운 개념은 아니다. 멀티 페르소나, 즉 다양한 정체성을 드러내 새로운 영역에 도전하고, 이종의 연결로 성공을 이뤄낸 사례는 더러 있었다. 1970년대에 왕성하게 활동한 데이비드 보위David Bowie부터 최근 유산슬, 유야호로 독특한 행보를 잇는 유재석에게서도 쉽게 확인할 수 있다. 개인적으로 친한 유튜브 크리에이터 터보832 역시 회사원에서 사업가, 미술 컬렉터, 와인 컬렉터, 부동산 전문가 등 다양한 면모를 통해 매력을 발산하며, 총 6개의 부캐로 살아간다. 자신 안에 있는 다른 모습을 찾아 끊임없이 가능성을 확장하고, 동시에 기존의 모습과 계속 연결고리를 이어가는 것. 관심사와 비즈니스라는 연결을 통해 새로운 자신의 모습을 개발해가고 있는 것이다.

지난해 취업포털 사이트 잡코리아가 직장인을 대상으로 한 트렌드 조사에 따르면 "회사에서의 내 모습은 평상시와 다르다", "회사에 맞는 가면을 쓰고 일한다"라는 답변이 전체의 77.6퍼센트에 이른다. 본캐였다면 망설였을 일을 부캐라면 거침없이 행동에 옮기고 마음에 담아둔 말을 시원하게 내뱉을 수 있다고 생각한다. 부캐의 모습에서 우리는 어쩌면 새로운 시대의 성공 전략을 엿보는 것일 수 있다. 그래서 나는 자기 자신을 언바운드한 관점으로 보는 여정을 이 책에 담아 보았다.

치맥집 종업원, 대리운전 기사가 잠시(?) 되어본 나는, 낯선 사람의 인사에도 자연스럽게 반응하는 숨겨진 내 가능성을 보았다. 그래서 이 책을 읽는 독자분들에게도 부담 없이 제안해보려 한다. 이 책에서 다루는 낯설고 새로운 관점들에 대해 고민해보고 동시에 '바인드Bind'되지 않고, 혁신적인 아이디어를 떠올려보는 자신의 모습을 찾아보자고 말이다. 그리고 혹시나 가까운 미래에 길에서 우연히 마주치게 된다면 서로 얼마나 성장했는지

물어보고, 피드백을 공유하는 언바운드한 사이가 되는 언바운드한 순간을 그려보자고 말이다.

그럼 이제, 즐거운 일독을 하시기 바란다.

[Contents]

Get Armed

Part 1
다가온 미래,
새로운 생각으로 무장하라

──────── Collaboration ────────

Part 4
이타적인 사람이
더 크게 성공한다

Part 5
한계를 뛰어넘어
단단하게 성장하라

Get Armed

Part 1

다가온 미래,
새로운 생각으로 무장하라

속도의 시대에 살아남기 위해서는
습관적 사고의 패러다임에서 벗어나야 한다.
변화의 속도에 생각의 속도를 맞추고
변화의 폭에 생각의 깊이를 더하라.

1

변화의 최전선에서 어떻게 성장할 것인가

○ ● ● **속도의 시대에 가장 중요한 경쟁력**

흔히 우리가 살아가는 디지털 경제 시대를 '속도의 시대'라 일컫는다. 무수한 데이터, 정보, 지식이 초연결되어 초고속으로 확산되고 있고, 우리는 그만큼 더 빠르게 판단하고 행동해야 하는 세상에 살게 되었다. 특히 2020년 전 세계를 강타한 코로나19 팬데믹으로 인해 디지털 기술 혁신은 급물살을 탔고, 우리는 삶의 거의 모든 영역에서 전례 없는 변화와 함께 커다란 도전을 맞이하게 되었다.

미국 IT 기업 델 테크놀로지스Dell Technologies가 진 세계 기업을 대상으로 실시한 디지털 혁신 현황 조사에 따르면, 코로나19로 인한 기술 혁신 속도가 기하급수적으로 빨라지고 있다. 기존에는 몇 년씩 소요되던 디지털 전환digital transformation이 불과 몇 개월 만에 이루어지고 있는 것이다. 마이크로소프트Microsoft CEO 사티아 나델라Satya Narayana Nadella는 2020년 연례 컨퍼런스에서 "2년 걸릴 디지털 전환이 2개월 만에 이루어졌다"고 언급하기도 했다.

문제는 이러한 급격한 변화를 받아들이고 적응하며, 더 나아가 자신의 성장과 연결하는 것이 결코 쉬운 일이 아니란 점이다. 인간이 지닌 인지 체계의 특성으로 인해 우리는 스스로 의식적인 노력을 기울이지 않으면, 너무나 쉽게 '습관적 사고의 패러다임'에 갇혀버리는 경향이 있다. 습관적 사고의 패러다임에 갇혀버리면 어떤 변화를 감지했을 때 이를 새로운 기회가 아닌 귀찮고 불편한 일로 받아들여 회피하게 된다.

1900년의 뉴욕 5번가를 살펴보자. 지금도 그렇지만 1900년의 뉴욕 5번가는 세계 경제와 문화의 중심가였고 끊임없이 신기술이 등장하며 빠르게 변화하는 곳이었다. 특히 산업 발전의 기반이 되는 교통 기술에 많은 연구와 실험이 이루어졌는데, 당시 언론은 뉴욕 시민들에게 이런 질문을 던졌다. "만일 움직이는 기계가 생긴다면 무엇을 하겠습니까?" 시민들의 대답은 한결같았다. "말똥을 치우는 데 쓰겠어요."

당시 '움직이는 기계'란 오늘로 치면 인공지능이 탑재된 로봇만큼이나 혁신적인 도구였다. 하지만 그런 혁신의 산물을 두고 사람들은 고작 '말똥을 치우는' 용도로밖에 상상하지 못했다. 이유는 간단하다. 이동 수단이 오직 마차뿐이니 만큼, 그 마차 때문에 생기는 말똥을 치우는 일이 급선무라는 생각에 갇혀 있었기 때문이다. 만약 당시 누군가 마차를 대신해 움직이는 기계가 주요 '이동 수단'이 될 것이라고 말했다면, 모두의 비웃음을 샀을 것이다. 우리가 익히 아는 천재들의 발명품이 당대에는 인정받지 못하다가 수백 년이 지난 후에야 빛을 발했던 것처럼 말이다.

하지만 사람들이 그런 고착화된 생각에 안주한 사이 변화는 급격히 진행되었다. 말똥 처리에 대한 사람들의 고민을 뒤로한 채 거리에는 마차 대신 움직이는 기계, 즉 자동차가 들어서기 시작한다. 다음의 사진에서 보듯 1900년의 뉴욕 5번가를 가득 채운 것은 마차들이고 자동차는 한 대뿐이다. 하지만 불과 10년 후인 1910년에는 마차와 자동차가 절반씩 들어섰고, 3년 후인 1913년에는 완전히 역전돼 마차가 사라진 거리를 자동차가 점령하게 된다.

마차의 절반이 자동차로 대체되는 데는 10년이 걸렸지만, 나머지 절반까지 자동차가 차지하는 데는 3년밖에 걸리지 않았다. 사람들이 습관적 사고의 패러다임에 갇혀 있는 동안 기술 발전과 환경 변화의 반감기half-life는 계속해서 빨라졌던 것이다. 이렇게

• (위) 1900년의 뉴욕 5번가 (아래) 1913년의 뉴욕 5번가 •

가속화된 변화의 속도를 놓고 볼 때, 앞으로 우리 생활에 전기자동차나 자율주행 자동차가 얼마나 빠르고 깊숙하게 들어설지는 굳이 설명할 필요가 없다. 자율주행 시대를 준비하는 기업과 그렇지 못한 기업이 있다면 앞으로 두 기업의 격차는 도저히 따라잡을 수 없는 수준으로 크게 벌어질 것이다.

모든 것이 빠르게 변화하는 속도의 시대에 살아남으려면 그간 내 삶을 지탱해왔던 고정관념을 버리고 새로운 변화의 흐름에 올라타야 한다. 이때 가장 중요한 것은 내가 가진 '사고의 틀'을 한자리에 고정해두지 말고 계속 업그레이드해야 한다는 점이다. 마치 살아 움직이며 진화해가는 생명체를 다루듯이 말이다.

변화의 속도에 생각의 속도를 맞추는 것 못지않게 생각의 깊이를 더해가는 훈련 또한 중요하다. 생각의 깊이를 더하려면 무엇보다 다양한 관점에서 문제를 바라볼 수 있어야 한다. 그리고 문제의 근원에 충분히 접근할 수 있을 만큼 몇 번이고 다시 질문을 던지면서 고민의 내용을 숙성시켜야 한다.

더 구체적인 내용은 앞으로 차근차근 살펴볼 테지만, 우선은 사고의 틀을 업그레이드하고 생각의 깊이를 더하는 것이 속도의 시대에 살아남기 위한 가장 중요한 경쟁력이란 점을 말하고 싶다.

지금 우리는 스마트폰과 인터넷이 없는 환경을 경험해본 적이 없는 아이들과 함께 살고 있다. 디지털 세계에서 이 아이들은 과거 그 어느 때도 찾아볼 수 없었던 새로운 종족이다. 이 아이들에게 스마트폰 화면의 통화 버튼을 보여주면서 어떤 모양인지 물으면 '수화기'가 아니라 사람의 '귀'라고 대답한다. 애초에 일반전화기를 본 적이 없기에 '수화기'라는 단어 자체를 모를뿐더러, 버튼의 모양새를 보고 직관적으로 사람의 귀를 연상하는 것이다.

우리가 2G폰이라 부르는 모바일폰을 사용하기 시작한 것은 1993년이다. 이후 3G 시대가 되어 인터넷을 사용할 수 있는 스마트폰이 등장했는데, 이때가 2000년이다. 머지않아 모바일폰을

• 스마트폰 화면의 통화 버튼 •

통신수단으로만 인식하는 사람도 사라질 것이다. 모바일폰은 이미 우리 삶에서 사진이나 영상을 보고 정보를 검색하는 등 '데이터 디바이스data device'로 자리 잡은 지 오래다.

어디 그뿐일까. 최근 입사 초년생 중 일부는 업무 중에 키보드를 거의 사용하지 않는다. 아마 2~3년 후에는 많은 사무실에서 키보드가 사라질 것이다. 컴퓨터를 비롯한 디지털 기기가 사람의 말을 알아듣고 실행토록 하는 음성인식 기술이 빠르게 발전하고 있기 때문이다. 쉬운 예로, 엑셀 파일에 일일이 함수를 입력하는 대신 "전체의 합과 평균을 내서 각 추이를 그래프로 그려줘"라고 말하면 컴퓨터가 알아서 작업을 실행하는 기능이 실제로 구현되고 있다.

우리는 이제 4차 산업혁명을 이끄는 동력, 즉 인공지능, 머신러닝machine learning, 사물인터넷IoT, 5G 이동통신기술과 동떨어진 삶을 상상할 수 없게 되었다. 이런 상황에서 앞으로 어떤 직업을 가져야 할지 고민하는 건 당연하다. 어느 좌담회에서도 함께 이야기를 나누던 교수님으로부터 이런 이야기를 들었다. "4차 산업혁명 시대가 무르익을수록 많은 직업이 사라질 겁니다. 그러니 자녀들에게는 ○○○, ○○○ 같은 새로운 직업을 갖게 하세요."

하지만 나는 의문이 들었다. 4차 산업혁명이 가속화되고 있는 요즘, 이미 세상은 매일 빠르게 새로운 트렌드가 생겨나고 있고,

변화의 양상도 예측이 불가능할 만큼 다양해지고 있다. 이런 현실에서 앞으로 어떤 직업이 전도유망할지 단언하는 것이 과연 의미가 있을까.

단언컨대, 변화를 추론하는 것보다 중요한 건 어떤 변화에도 적응할 수 있는 힘과 역량을 키우는 것이다. 포스코경영연구원에서 작성한 보고서 〈미래생존력, 적응우위가 결정한다〉에 따르면, 오늘날과 같은 속도의 시대에 기업의 생존력을 결정하는 핵심변수는 바로 '적응우위adaptive advantage'다. 적응우위는 말 그대로 변화를 잘 받아들여 성장을 위한 원동력으로 삼을 수 있는 능력인데, 기업뿐 아니라 개인에게도 반드시 필요하다.

단, 변화에 적응한다는 것을 주어진 환경에 익숙해지는 것으로 오해해서는 안 된다. 변화에 적응한다는 것은 변화의 의미와 영향력을 정확하게 해석하고, 이 해석에 근거해서 올바른 의사결정을 내린다는 얘기다. 개인의 삶과 결부해 설명하자면, 변화의 흐름을 주도하는 기술들을 자신이 일하는 분야에 접목해 새로운 가치를 창출해내는 역량을 갖춰야 한다는 것이다.

누군가는 이렇게 반문할지 모른다. "저는 트렌드나 혁신과는 아무 상관 없는 일을 하고 있는데 그래도 최신 기술의 동향을 알아야 합니까?"

당연히 알아야 한다. 내가 하는 일이 새로운 기술과 상관이 있는지 없는지를 판단하려는 것 자체가 매우 위험한 관점이다. 어떤 분야든 새로운 기술을 접목할 줄 모르는 사람은 새로운 가치를 만들어내기 어렵다. 기술을 아는 사람의 산출물과 모르는 사람의 산출물은 같은 선상에서 비교할 수 없을 만큼 현격한 차이가 난다는 것을 나는 지금도 매일 확인하고 있다.

어떤 이는 또 새로운 기술의 등장이 정신적 가치나 인문적 가치와는 거리가 멀다고 반론을 펴기도 한다. 하지만 오히려 기술들을 어떻게 활용하느냐에 따라 우리가 추구하는 인문적 가치는 물론, 삶의 질까지 한층 더 높은 차원으로 올려놓을 수 있다. 기술은 사람의 생명을 연장하는 의술이 더 정교해지도록 지원하고, 아름다운 음악을 더 편리하게 감상하도록 새로운 음향기기를 만들어주며, 나아가 예술적인 영감을 얻는 데 필요한 풍부한 재료를 제공해주니 말이다. 인류의 발전에 꼭 필요한 의사결정을 빠르고 합리적으로 내리는 데에도 결정적인 도움을 준다.

여기서 나는 4차 산업혁명 기술에 대한 맹목적 믿음을 강조하려는 게 아니다. 미래에 대한 두려움을 부추기려는 건 더더욱 아니다. 나는 다만 우리가 궁금해야 할 문제는 '어떤 직업이 사라지고 어떤 직업이 인기를 얻을까'가 아니라는 말을 하고 싶다. 우리가 진정으로 고민해야 할 문제는 '눈앞에 펼쳐진 최신 기술들을 어떻게 내 일에 활용할 것인가'다. 이 고민에 답할 수 있을 때 우리는 비로소 차별화된 경쟁력과 적응우위를 가질 수 있게 된다.

○ ● ●　새로운 기술을 나의 일에 연결하기

　　하루도 빠짐없이 새로운 기술에 대한 정보들을 분석하고 관련 산업 동향을 업데이트하는 일은 내가 맡은 중요한 업무 중 하나다. 그런데 나는 여기에 더해, 이를 구글의 비즈니스 파트너들에게 어떻게 전달할지 고민한다. 이때 내 고민은 기술 자체가 아니라 그 기술을 '어떻게 업무와 비즈니스에 연결할 것인가'에 방점이 찍힌다. 모든 최신 트렌드를 놓치지 않는 것보다 새롭게 개발된 기술들을 어떻게 창의적으로 적용해 가시적인 성과물을 도출해낼 것인지가 더 중요하기 때문이다.

　인공지능이나 사물인터넷은 지금도 계속 진화하고 있는 기술이며 이미 우리의 일상 곳곳에 스며들어 여러 가지 변화를 만들어내고 있다. 집 밖에서 가스레인지 밸브를 잠그거나 원하는 시간에 안방 커튼을 치고 걷는 것, 외출에서 돌아올 때 미리 냉난방 시스템을 작동시켜 최적의 실내 온도를 유지하는 건 더 이상 신기한 일이 아니다. 인공지능 시스템이 더 많은 데이터를 실시간으로 수집·분석할 수 있는 5G 시대가 본격화된 만큼 우리의 생활 환경은 이보다 훨씬 더 똑똑해질 것이다. 그렇다면 이렇게 빠르게 발전하는 기술을 업무와 비즈니스에 접목해 나만의 경쟁력으로 만들려면 어떻게 해야 할까?

2년여 전 디지털 기술의 변화상을 주제로 한 컨퍼런스에서 발제 발표를 맡은 적이 있다. 신기술의 현재와 미래를 조망하고 향후 대응 방안을 전문가들과 함께 모색해보자는 취지로 마련된 자리였다. 그때 나는 본격적인 발표에 앞서 컨퍼런스 참석자들에게 질문 하나를 던졌다. "여러분, 혹시 300년 전에 세상을 떠난 루이 14세의 실제 목소리를 듣고 싶지 않습니까? 그게 가능할까요?"

곧이어 연단의 대형 스크린에는 내가 준비한 자료 영상이 펼쳐졌다. 프랑스 역사상 가장 유명한 전제군주로 꼽히는 루이 14세가 신하들에게 명령하는 장면이었다. 진짜 루이 14세는 아니지만 루이 14세의 목소리와 가장 비슷할 것으로 추정되는 음성이 스크린에서 흘러나오는 순간, 참석자들 입에서 탄성이 터져나왔다.

당시 컨퍼런스 참석자들이 들었던 루이 14세의 음성은 프랑스 방송사 카날플러스Canal+가 드라마 〈베르사유Versailles〉의 홍보를 위해 구글의 음성합성 기술로 재현해낸 것이다. 이 기술은 구글의 인공지능 시스템에 기반해 완성된 것으로, 구글은 탄생부터 죽음에 이르기까지 매일 기록된 루이 14세의 신체 상태와 진료 기록을 토대로 그의 육성을 재현해낼 수 있었다. 방송사 홍보팀은 우연히 참석한 구글 컨퍼런스에서 데이터만으로 특정인의 목소리를 똑같이 재현하는 기술이 있다는 것을 발견하고는 이런 아이디어를 도출해낸 것이었다.

나는 이미 300년 전에 세상을 떠난 사람의 목소리를 재현해낸 구글의 인공지능 시스템도 훌륭하지만, 자기 분야와 연계성이 없어 보이는 기술을 드라마 홍보에 활용한 방송사 홍보팀의 창의성이 더 대단하다고 생각한다. 나는 미술관 큐레이터들을 대상으로 한 강의에서도 이 이야기를 한 적이 있다. 당시 그 미술관은 〈세종대왕 즉위 600돌 특별기획전〉을 준비하고 있었다. 내 강의를 듣고 어떤 사람은 이렇게 생각했을 수 있다. '세종대왕 목소리를 재현해서 프로모션을 해볼 수도 있겠다. 수백 개의 미술전 포스터를 거는 것보다 훨씬 효과적이겠는데!' 하지만 어떤 사람은 루이 14세의 목소리를 재현해낸 것을 신기해하는 데서만 그치고 말았을지도 모른다.

스티브 잡스Steve Jobs는 1996년 〈와이어드Wired〉와의 인터뷰에서 이렇게 말했다. "창조란 여러 가지 요소를 하나로 연결하는 것이다. 창의력은 그들이 경험했던 것들을 새로운 것으로 연결할 수 있을 때 생겨난다."

그렇다. 핵심은 바로 '연결'이다. 어느 분야에 속해 있든 기술과 자원, 아이디어를 얼마나 창의적으로 연결하느냐에 따라 우리가 만들어내는 산출물의 가치는 확연히 달라진다.

○●● 도구와 자원 똑똑하게 활용하기

이제 IT 산업을 따로 분류해 지칭하는 것은 큰 의미가 없다. 이미 모든 산업과 비즈니스에서 '디지털 전환'이 일반화되고 있기 때문이다. 한때 IT와는 전혀 관계가 없는 것으로 여겨졌던 농업 분야에서조차 디지털 전환이 가속화되고 있다. IT는 더 이상 하나의 산업으로 분류되는 것이 아니라 모든 산업에서 필수적인 도구로 받아들여야 한다. 이제 빅데이터, 인공지능, 사물인터넷을 모르고 마케팅을 한다는 것은 생각하기 어려울 정도가 되었다.

그래서인지 파트너사들과 미팅을 해보면 자신들이 디지털 관련 업무를 꽤 잘하고 있다고 자부하는 경우가 적지 않다. 하지만 실상을 자세히 들여다보면 스스로 자부하는 만큼 '충분히' 잘하고 있는 기업이 그리 많은 것 같지 않다. 특히 사용자의 관점에서 얼마나 고민했는가, 얼마나 사용자 친화적user friendly으로 접근했는가를 기준으로 보면, 한 번 더 고민했다면 어땠을까 하는 생각이 드는 상황이 꽤 있다.

얼마 전 나는 급히 신용카드 사용대금을 사전결제해야 할 일이 있었다. 먼저 한 카드회사의 앱으로 선결제를 하려고 했더니 '즉시결제 서비스 이용 시간이 아닙니다'라는 안내 문구가 떴다. 앱에 접속한 시간은 밤 12시 30분쯤이었다. 혹시나 싶어 다른 카드회사의 앱에도 접속해봤다. 이번에는 접수가 되었다는 문구와 함께 실제 처리는 이튿날 영업시간에 된다는 안내문이 나왔다.

어떤 앱이 '사용자 친화적'이라고 할 수 있을까? 어떤 앱이 더 높은 '소비자 가치user value'를 실현하고 있을까? 앱 스코어링 scoring을 해본다면 후자의 앱이 전자의 앱보다 30점가량 높게 나올 것이다. 여기에서 짚어봐야 할 점은 두 앱의 실제 기능은 132가지로 똑같다는 사실이다. 차이가 있다면 후자의 경우 공급자 시각에서 벗어나 소비자 불편을 덜어주려는 접근 방식을 갖추었다는 것뿐이다. 같은 도구를 다른 관점에서 활용함으로써 소비자에게 더 유용한 가치를 구현해낸 것이다.

도구도 중요하지만 자신이 이미 갖고 있는 '자원source'을 어떻게 활용할 것인가 하는 점도 중요하다. 유형의 자산뿐 아니라 자신의 경험이나 노하우, 아이디어 등 보이지 않는 자산도 소중한 자원이다. 또한 자신이 일하고 있는 직장, 맡은 업무, 함께 일하는 동료들도 '자원'이라는 개념 안에 포함된다. 아무리 재료가 많고 아이디어가 풍부해도 이 모든 자원을 활용해 실질적인 산출물을 만들어내지 못하면 무용지물이다.

속도의 시대, 4차 산업혁명 시대에 기술과 자원은 생존 키트이자 성장 키트다. 그리고 이 키트를 가득 채워야 할 것은 화려한 스펙이나 자격증이 아니다. 기술과 자원을 효율적으로 탐색하고 그때그때 현명하게 활용할 수 있는 지적 상상력이다.

2 혁신은
어디에서 오는가

○ ● ● **데이터가 중요한 이유**

'인공지능Artificial Intelligence'은 인간의 지능을 컴퓨터로
구현하는 기술이다. 21세기를 사는 우리의 삶에 엄청난 혁신을
일으키는 기술이지만 사실 이 기술이 최근에 등장한 건 아니다.
1956년 미국 다트머스대학교 존 매카시John McCarthy 교수는 최초
로 '인공지능'이라는 용어를 사용하며, 이를 '지능이 있는 기계
를 만드는 과학과 공학'이라고 정의했다. 그 후 점진적으로 발전
해온 인공지능은 머신러닝 기법을 통해 빠른 속도로 진화하며,
4차 산업혁명 시대의 핵심 기술로서 산업 전반에 지대한 영향을

미치고 있다. 이는 머신러닝 알고리즘이 충분한 데이터를 수집하고 연산할 수 있는 환경으로 변화된 덕분이다.

예전에는 소비자 성향이나 트렌드를 파악하려면 조사원들이 직접 거리로 나가 설문조사나 인터뷰 방식으로 시장조사를 해야 했다. 방송에서 흔히 볼 수 있었던 "명동에서 100명에게 직접 물었습니다"라는 문구에서도 알 수 있듯, 인파가 집중된 곳에서 무작위로 선정한 사람들을 대상으로 의견을 묻는 방식이 일반적이었다. 그만큼 과거의 트렌드 조사는 상당한 인력과 시간이 투입되어야 하는 일이었고, 무엇보다 대규모 조사가 어려워 대부분 표본조사 형식으로 이루어지다 보니 결과에 대한 신빙성도 그리 높지 않았다.

하지만 불과 몇 년 만에 상황이 크게 달라졌다. 모든 조사 과정이 온라인에서 이루어지기 때문에 필요한 인력과 시간이 대폭 줄어들었을 뿐만 아니라 대규모 조사를 시행하는 것도 훨씬 용이해졌다. 더 나아가 굳이 설문조사를 하지 않아도 수많은 정보를 디지털 플랫폼을 통해 실시간으로 수집할 수 있게 되었다. 한 예로 스마트폰 사용자가 하루에 스마트폰을 터치하는 횟수는 150회 정도인데, 한 번 터치할 때마다 사용자 관련 정보가 끊임없이 생성되고 축적된다. 그 덕분에 누가 어떤 곳에서 무엇을 구매하는지, 어떤 카페를 가려고 하는지, 어떤 음악을 즐겨 듣는지 등등 다양한 정보를 수집하고 읽어낼 수 있다.

복잡한 기술 이야기를 걷어내고 말하면 그렇게 읽어낸 정보들이 바로 '데이터'다. 그리고, 그러한 데이터를 활용해 소비자를 분석하고 보다 정확한 마케팅 솔루션을 찾아내는 것이 가능하게 되었다.

헤어드라이어 제조 회사에서 마케팅 계획을 세우는 과정을 살펴보자. 먼저 매출 구조를 확인하고 구매자와 사용자에 관한 수십만 개에 이르는 방대한 데이터를 들여다볼 것이다. 그 결과 일반 헤어드라이어는 생필품 시장이지만 고급 헤어드라이어는 선물 시장에 가깝다는 '팩트'가 도출된다. 고급 헤어드라이어의 경우 여성 구매자보다 남성 구매자가 많다는 점, 즉 구매자와 사용자의 성별이 다르다는 점을 알게 된다. 이에 따라 고급 헤어드라이어를 선물용으로 직접 구매하는 남성들을 주요 타겟으로 공략하는 전략을 이끌어내게 된다.

실제로 제품 모델에 따라 500달러 이상의 헤어드라이어를 선보이는 브랜드 다이슨Dyson은 이 점에 착안해 제품의 성능보다 '연인을 위한 선물'이라는 메시지를 부각했다. 그 일환으로 큐피드가 헤어드라이어의 둥근 헤드 안으로 화살을 쏘아 보내는 광고로 큰 성공을 거둘 수 있었다. 축적된 데이터를 기반으로 잠재고객과 사용자의 성향을 분석하고, 그에 따른 명확한 솔루션을 찾아냈기에 가능한 성공이었다.

과거 산업혁명의 중요한 도구는 증기기관, 컨베이어벨트, 컴퓨터, 인터넷이었고, 이를 작동하는 동력은 석탄, 석유, 전기였다. 4차 산업혁명 시대에는 그 역할을 데이터가 하고 있다. 인공지능은 데이터를 습득하며 갈수록 경험치를 쌓아가고, 사물인터넷도 데이터를 바탕으로 더욱 정교하게 작동하고 있다. 또 5G는 이 모든 것을 가능하게 이끌며 빅데이터를 얻기 위한 기반 기술이 되고 있다. 인공지능, 사물인터넷, 5G. 이 기술들은 데이터 위에서 새로운 가치를 만들어가고, 다시 그 기술들을 기반으로 데이터를 생성하는 선순환 구조를 형성하고 있다.

빅데이터를 활용한 범죄 예방 시스템이 등장하는 영화 〈마이너리티 리포트Minority Report〉는 2002년 상영 당시 공상과학을 소재로 한 SF 영화로 분류되었다. 물론 영화이기 때문에 현실과의 괴리가 전혀 없다고는 할 수 없지만, 2054년이 배경인 이 영화에 등장하는 스마트 워치와 웨어러블 컴퓨터 등은 이미 우리 눈앞에 현실로 펼쳐져 있다. 영화에서는 빅데이터를 범죄가 일어날 시간과 장소, 범죄를 저지를 사람을 예측하는 도구로 활용하지만, 지금 우리는 일상생활은 물론 사회, 정치, 경제 영역에서 이루어지는 대부분 의사결정에 빅데이터를 활용하고 있다.

4차 산업혁명 시대에 들어선 지금 데이터는 더욱 '권력'으로 자리 잡을 것이다. 쏟아지는 정보와 데이터를 주도적으로 해석하고 여기에서 도출한 인사이트를 활용하는 역량은 갈수록 중요해질 것이며, 이러한 역량을 지닌 사람은 더 영향력 있는 일을 하게 될 것이고, 더 많은 부를 창출하게 될 것이다. 그렇다면 이제 다음 질문을 생각해볼 차례다. 우리는 어떻게 데이터에 접근하고, 어떤 관점에서 데이터를 분석하며, 무엇을 목적으로 활용해야 할까?

○●● 생각의 전환을 이끄는 힘, 데이터 리터러시

우리는 수많은 데이터를 모으고 그 데이터의 상관관계를 빠른 속도로 분석해내는 기술이 작동하는 환경에서 일하고 있다. 누구나 필요한 데이터를 수집할 수 있으며, 수집한 데이터에서 신호를 읽어내고 의미를 해석할 수 있다. 해석한 결과를 자신의 업무와 문제해결에 활용할 수도 있다. 이러한 역량을 '데이터 리터러시data literacy'라고 하는데, 이는 더 이상 전문가의 영역이 아니다. 이제 데이터 리터러시는 분야나 직책에 상관없이 모든 사람에게 필수적으로 요구되는 역량이다.

사전적 의미의 데이터 리터러시는 '데이터를 읽고 그 안에 숨겨진 의미를 파악하는 데이터 해독 능력'을 말하는데, 나는 이것을 '데이터를 넓고 깊게 보는 능력'이라고 표현한다. 넓게 보는 것은 데이터의 양과 다양성을 확보하는 일, 깊게 보는 것은 데이터의 질과 신선도를 파악하는 일과 관련이 있다. 데이터 다양성과 신선도, 이 두 가지는 모두 데이터 리터러시에 필수적으로 수반되어야 할 요소다.

그렇다면 다시 질문을 던져보자. 데이터의 다양성과 신선도를 충분히 확보하려면 어떻게 해야 할까? 이것은 '관점point of view'과 관련이 있다. 어떤 데이터가 주어졌을 때 앞에서만 바라보지 말고 측면에서도 바라보고 멀리서도 바라볼 수 있어야 한다. 파도를 볼 때 바닷물만 보는 것이 아니라 파도를 일으키는 바람도 볼 수 있어야 한다. 관점을 이동하며 본질을 보려는 노력이 수반되어야 우리는 평범한 순간을 성장의 기회로 삼을 수 있다.

주변의 모든 정보에 접근하는 관점을 지속적으로 혁신하는 것은 데이터 리터러시의 가장 기본적인 원칙이다. 관점을 혁신하려면 자신의 생각이 틀릴 수 있다는 가능성을 염두에 두고 다른 사람의 의견이 들어올 수 있는 창구를 항상 열어두어야 한다. 혁신이라고 하면 굉장히 거창한 것으로 받아들일 수도 있는데 결코 그렇지 않다. 우리는 일상적인 생활과 업무에서도 스스로 관점을 혁신하려는 노력을 통해 얼마든지 남다른 결과를 얻을 수 있다.

나는 어느 강연에서 '성공에 정해진 방정식은 없다'는 전제 아래 "방 정리를 잘하는 것과 성공 사이에는 뚜렷한 상관관계가 없을 수 있다"고 이야기한 적이 있다. 그런데 유튜브에 강연 영상이 업로드된 후 '방 정리를 잘했으면 더 크게 성공했을 것'이라는 댓글이 달렸다. 물론 자신의 주변 정리를 잘할수록 업무에 더 쉽게 집중할 수 있는 환경이 조성되어 그만큼 성공할 확률이 높아질 수 있다. 그러나 사실 내가 전달하고 싶었던 바는 '방 정리'와 '성공'을 상관관계가 뚜렷하게 성립하지 않는, 각각 독립적인 사건으로 바라볼 수도 있어야 한다는 점이었다.

누군가 "내일 해가 동쪽에서 뜨면 비 올 확률이 낮다"라고 이야기했다면 어땠을까. 해는 늘 동쪽에서 떠오른다. 그러니 이는 비가 올 확률과는 아무런 상관이 없다. 실제로는 해가 동쪽에서 뜬 날 비가 오기도 하지만, 그렇다고 여기에 인과적 상관관계가 성립하는가 하면 그렇지가 않다.

누군가는 '방 정리를 잘해야 성공한다'는 견해를 가질 수 있다. 하지만 그보다 중요한 것은 그러한 견해 자체가 아니라 반대의 견해에 대해서도 열린 시각으로 생각해볼 수 있어야 한다는 점이다. 반론을 제기할 때에도 '나는 이렇게 생각하는데 당신의 생각은 무엇인가'라고 창구를 열어두어야 한다. 그렇게 할 수 있어야만 신선한 데이터를 더 많이 모을 수 있고, 이를 바탕으로 계속 배우면서 성장할 수 있다.

이와 더불어 판단의 근거로 삼는 정보가 제한된 시야를 통해 받아들인 건 아닌지도 살펴봐야 한다. 독일에서는 총선을 통해서 가장 많은 표를 받은 다수당의 대표가 총리로 선출되는데, 2017년 총선에서도 기독교민주연합이 집권당이 되면서 앙겔라 메르켈Angela Merkel 총리가 네 번째 연임을 하게 되었다. 2005년부터 15년 넘게 여성 총리가 연임하는 나라에서 태어난 독일 어린이들은 "남자도 총리를 할 수 있나요?"라는 질문을 한다고 한다. 태어나서 지금까지 남성 총리를 한 번도 보지 못했기 때문에 그런 의문이 든 것이다. 타성에 젖은 채 익숙한 방향으로 생각하는 것도 문제지만, 하나를 보고 모두 알 수 있다고 여기는 태도 역시 문제적 상황을 초래할 수 있다는 얘기다.

예전에는 데이터를 수집하는 과정 자체가 힘들었기 때문에 하나를 보고 열을 판단하는 것이 미덕이었다. 하지만 열 이상을 볼 수 있는 물리적 환경이 갖춰진 지금은 열 이상을 보고 정확하게 '하나의 본질'을 꿰뚫어 판단할 수 있어야 한다. 일에서, 또 삶에서 계속 성장하기 위해서는 주어진 데이터를 넓고 깊게 보는, 즉 자신의 생각을 한 번 더 의심하고 새로운 각도에서 고민해보는 데이터 리터러시 역량을 길러야 한다.

○ ● ● 믿을 만한 데이터를 보고 있는가

운동을 좋아하는 어떤 여성의 사례를 이야기해보자. 이 여성은 필라테스에서 테니스로, 다시 요가로 운동 종목을 바꿔왔다. 운동 종목이 바뀌면 주요 관심사도, 소셜플랫폼에서 반응하는 콘텐츠도 달라지게 마련이다. 이 여성도 테니스를 할 때는 유명 테니스 선수들의 관련 기사에 '좋아요'를 누르거나 테니스용품 관련 이벤트에 적극적인 관심을 보였다. 그러다 잦은 부상으로 인해 운동 종목을 요가로 바꾼 이후에는 요가를 한다고 알려진 연예인 소식이나 예쁜 요가복 사진으로 관심이 옮겨갔다.

문제는 적어도 당분간 이 여성은 소셜플랫폼 상에서 테니스용품을 구입할 확률이 높은 잠재고객으로 남아 있을 가능성이 크다는 점이다. 그 결과 새로운 테니스 운동화가 출시되어 광고 메시지를 전달하기 위한 타겟 그룹을 설정할 때, 이 소셜플랫폼에서 도출된 그룹에는 이 여성처럼 유효하지 않은 타겟이 섞이게 된다. 정확하게 타겟팅targeting이 된 마케팅을 하려면 노이즈noise가 적은, 즉 신뢰도가 높은 데이터를 확보하는 것이 관건인데 말이다. 노이즈란 '관심사가 달라져 더 이상 유효하지 않은 잠재고객'과 같은 신선도가 낮은 데이터를 뜻한다.

유튜브에는 1분에 평균 500여 시간의 콘텐츠가 업로드되고 있다. 다른 소셜플랫폼도 상황은 비슷하다. 과거에는 '정보의 홍수'라는 표현이 자주 인용됐는데 지금은 홍수가 아니라 해일 수준의 정보가 실시간으로 쏟아지고 있다. 이에 따라 데이터의 양과 다양성을 넘어 데이터의 질과 신선도가 더욱 중요해졌다. 수많은 데이터 가운데 유효하고 가치 있는 데이터를 구분해내지 않으면, 무의미한 데이터 축적으로 무가치한 결과가 도출되는 GIGO$_{garbage-in\ garbage-out}$ 현상이 뚜렷해진다. 고해상도의 사진은 크게 확대해도 선명하고 뭉개지지 않지만, 저해상도의 사진은 조금만 확대해도 픽셀이 깨져 뭉개진 것처럼 보이듯 말이다.

정보의 해일에서 허우적대지 않으려면 현상의 본질을 정확히 꿰뚫고 우선순위를 명확하게 특정할 수 있어야 한다. 이를 위해서는 데이터의 신선도를 판별할 수 있는 안목이 필요하다. 특히 정확한 타겟팅을 통해 효과적인 브랜드 마케팅을 하려면 신뢰도 높은 데이터를 찾아내는 일이 매우 중요하다. 타겟팅이 잘못된 마케팅은 오히려 잠재고객에게 불필요한 정보를 남발해 브랜드 피로도를 높일 수 있기 때문이다.

소셜플랫폼과 마케팅을 진행하는 기업의 브랜드 담당자들은 항상 고심이 깊은데, 소셜플랫폼 유입이 실제로 해당 브랜드 제품의 구매로 이어지는 비율, 즉 '구매전환율'이 얼마나 되는지 명확하게 파악하기가 어렵기 때문이다. 소셜플랫폼에서 진행된 마케팅의 실제 효과를 보여주려면 잠재고객이 마케팅 캠페인에 관여engage했는지를 보여주는 데이터가 있어야 하는데, 대부분 소셜플랫폼에서는 그런 데이터를 도출하기 어렵다. 소셜플랫폼에서 콘텐츠에 반응하는 사람을 보면 대개 해당 콘텐츠가 의도하는 바와 상관없이 반응하는 경우가 많기 때문이다. 그들에게 특정 콘텐츠에 반응한 이유를 물어보면 '그냥'이라든가 '어디선가 본 것 같아서'와 같이 구매 의도가 전혀 포함되지 않은 경우가 상당수에 이른다.

소셜플랫폼에서 '커스터마이징 마케팅customizing marketing'을 하는 경우에도 마찬가지다. 어느 기업에서 소득수준 상위층을 대상으로 하는 럭셔리 마케팅을 하기로 계획을 세우고, A 플랫폼에서 800명을 대상으로 프로모션 활동을 한다고 가정하자. 그들은 명품 관련 콘텐츠에 여러 번 적극적인 반응을 보였던 사람들로, 나름 데이터를 추적하고 상관관계를 분석해 추려낸 대상일 것이다. 그런데 여기에는 함정이 있다. 명단에 실제 구매 행위와는 아무런 상관관계가 없는 사람, 예를 들어 아이쇼핑으로 대리 만족을 느끼는 중고등학생들도 포함될 수 있다는 점이다. 실제 구매 의사가 없더라도 긍정적인 댓글을 달고 '좋아요'를 누르는 사람들이 얼마든지 있기 때문이다.

이렇듯 표면적인 데이터만으로 타겟을 설정한 마케팅은 실제 구매로 이어지지 않는 '허수'에 기반하기 때문에 좋은 결과를 기대하기 어렵다. 사실 타겟 대상을 선별하는 과정에서 데이터들을 다양한 관점에서 충분히 들여다본다면, 문제점이 무엇이고 어디에 함정이 있는지 의외로 쉽게 확인된다. 하지만 데이터 리터러시가 높지 않은 기업 마케터들의 경우 플랫폼이 제시하는 데이터 분석 결과만 보고 의사결정을 하는 바람에 종종 이런 함정에 빠지곤 한다.

이는 비단 마케팅에만 국한된 이슈가 아니다. 우리의 일상생활에서도 흔히 맞닥뜨리는 문제다. 우리는 어떤 영화를 볼지 결정할 때도, 어떤 식당에서 저녁을 먹을지 고민할 때도 소셜플랫폼의 후기를 자주 참조한다. 하지만 후기를 쓴 블로거가 공신력이 있는지, 신뢰할 만한 정보를 제공하고 있는지에 대한 고려 없이 결정했다가는 자신의 취향에 맞지 않는 영화를 보게 되거나 입맛에 맞지 않는 식사를 하며 시간을 허비하게 될 수도 있다.

○ ● ● 관점을 바꿔야 새로운 길이 보인다

CGV, 롯데, 메가박스와 같은 멀티플렉스 체인 영화관의 경쟁자는 누구일까? 대부분 넷플릭스와 같은 OTT 플랫폼일 것으로 예상하겠지만, 실제는 야놀자와 같은 숙박앱이 될 수 있다. 영화를 즐기는 주요 연령층이 영화관을 찾는 대신 호텔에서 여가 시간을 보낼 가능성이 크다는 얘기다. 그렇다면 레고의 경쟁자는 누구일까? 유수의 장난감 회사나 게임 기업일까? 아니다. 이 경우 유튜브가 경쟁 상대가 될 수 있다. 레고를 갖고 놀던 아이들이 그 시간에 다른 장난감을 갖고 노는 게 아니라 유튜브를 시청할 수 있는 것이다.

우리가 어떤 판단을 내릴 때 경험은 매우 중요한 요소로 작용한다. 경험이 풍부할수록 현명한 판단을 할 가능성이 커지는 것도 사실이다. 하지만 데이터 리터러시가 미숙한 상태에서는 풍부한 경험이 오히려 걸림돌로 작용할 수도 있다. 경험에 의해 파악한 인과관계를 데이터에 의한 상관관계라고 착각하는 것이 바로 그런 경우다. 더욱이 경험이 풍부하다고 자부하는 사람 중에는 자신의 논리 구조를 맹신하는 경우가 많다. 이들은 외부의 데이터를 가져와 활용할 때조차 다양한 데이터를 가져와 여러 관점에서 돌려보는 것이 아니라, 자신의 논리 구조에 필요한 데이터만 가져와 인과관계를 파악한다.

이런 사례는 대기업 마케팅팀에서도 자주 일어난다. 처음 즉석밥을 개발한 대기업의 마케팅팀에서는 '한국 사람에게 밥은 어머니의 존재를 떠올리게 하는 감성적인 것'이라는 견해를 마치 기정사실처럼 정해놓고 있었다. 이러한 견해는 의사결정을 위한 논리 구조의 역할을 하는데, 여기서 출발을 하면 아무리 다양한 데이터가 들어와도 새로운 방향이 제시되거나 전에 없던 해결책을 도출하기 어렵다. 별 모양의 틀을 통과한 데이터는 모두 별 모양이 될 수밖에 없다는 말이다.

'밥은 감성적인 것'이라는 논리 구조에 '공장에서 생산된 밥'이라는 개념이 들어가면 당연히 '소비자가 원하는 것이 아니다'라는 결과가 나올 수밖에 없다. 10여 명의 주부를 대상으로 한 포커스그룹 인터뷰 결과도 '즉석밥이 출시돼도 나는 먹지 않겠다'라는 의견이 대다수인 것으로 나왔다(포커스그룹 인터뷰는 소비자들의 즉각적이고 생생한 반응을 파악하는 도구로서는 유효한 역할을 하지만, 전반적인 트렌드의 변화를 짚어내는 인사이트를 귀납적으로 도출하기는 어려운 면이 있다). 결국 마케팅팀에서는 즉석밥 개발을 포기하는 쪽으로 의사결정을 했다. 하지만 최고경영자는 실무진의 판단을 뒤엎고 가정간편식 시대가 도래할 것이라 예측했고, 즉석밥 출시를 과감하게 추진했다. 결국 그 대기업은 즉석밥 덕분에 오랜 경영 부진에서 탈출할 수 있었다.

이러한 사례에서도 볼 수 있듯이 기존의 틀에 박힌 관점으로 데이터를 해석하고 제품, 소비자, 시장을 파악하는 기업은 도태

될 수밖에 없다. 따라서 데이터를 활용할 때 어떤 관점으로 접근하는가의 중요성은 아무리 강조해도 지나치지가 않다. 하버드대학교 바라트 아난드Bharat Anand 교수는 《콘텐츠의 미래The Content Trap》에서 이러한 관점의 함정에 대해 날카롭게 지적하고 있다. 나는 이 책의 추천사에 "우리가 너무나 쉽게 정의 내려온 여러 가지 '경계'들에 대해 다시 보게 만든다"라고 썼다. 사실 멀티플렉스 체인 영화관의 경쟁자를 OTT 플랫폼으로 보는 것도 '경계'이며, 한국 사람에게 밥은 감성적인 것이기 때문에 즉석밥을 선호하지 않을 것이라고 보는 것도 '경계'다. 경계를 가진 사람은 그 너머의 새로운 것을 볼 수 없고 새로운 인사이트도 얻을 수 없다. 경계를 허물어야 고급 헤어드라이어의 사용자와 구매자는 다르다는 것을 알 수 있다. 경계를 허물어야 '방 정리'와 '성공'의 상관관계를 의심해보고 새로운 관점을 받아들일 수 있다. 나는 바라트 아난드 교수가 책에서 말하는 주요 내용이 지금 내가 이야기하고 있는 "관점을 혁신해야 데이터를 기반으로 현명한 의사결정을 할 수 있다"는 것과 맥락상 크게 다르지 않다고 생각한다.

앞서 나는 데이터 리터러시의 사전적 정의를 '데이터를 읽고 그 안에 숨겨진 의미를 파악하는 데이터 해독 능력'이라고 했는데, '숨겨진 의미'라는 표현에 주목했으면 한다. 겉으로 드러난 현상을 이해하고 분석하는 것은 누구나 할 수 있다. 하지만 '숨겨진 의미'를 찾는 것은 기존의 관점을 고집하지 않고, 여러 각도에서 한 번 더 생각하는 사람만이 할 수 있다. 문제를 바라보는 시선을 달리하고 눈앞의 정보를 관찰하기 시작해야 새로운 접근법, 새로운 가능성을 모색할 수 있다. 속도의 시대에는 무수한 데이터 속에서 새로운 가치를 찾는 사람과 그렇지 않은 사람과의 격차가 더욱 크게 벌어질 것이다.

대체불가능한 사람은 무엇이 다른가

○●● **고민의 영역을 넓히는 것**

강릉에 소머리국밥 전문 음식점 '광덕식당'이 있다. 1950년에 개업한 이래 지금까지 지역을 대표하는 노포로 알려져 있을 뿐 아니라 2호점까지 인산인해를 이룰 정도로 성공한 맛집이다. 어느 날 우연히 한 TV 프로그램에서 광덕식당 사장님이 일하는 모습을 보게 되었는데, 그 이후로 나는 기회가 있을 때마다 그분의 이야기를 자주 한다. 그 이유는 너무도 쉽고 간결하지만 정곡을 찌르는 그분만의 성공 비결을 배울 수 있기 때문이다. 그 비결이란 바로 '영역을 넘나드는 고민'이다.

식당이 맛집으로 유명해지자 손님이 많아졌는데, 문제는 식사 시간을 피해서 온 손님들도 줄을 길게 서야 할 정도라는 것이었다. 사장님은 이 모습을 보면서 마음이 무척 불편했고, 어떻게 하면 손님들을 최대한 덜 기다리게 할 수 있을까를 무수히 고민했다고 한다.

그런데 사장님의 솔루션은 의외로 간단했다. 손님이 식당 안으로 들어가 자리에 앉기도 전에 미리 손님 수에 맞춰 국밥을 불에 올려놓는 것이다. 옆에서 촬영하던 PD가 손님이 몇 명인지 어떻게 미리 알 수 있느냐고 물어보니, 사장님은 CCTV 모니터 화면을 가리켰다. 화면에 비친 곳은 주차장이었다. 차에서 내리는 손님을 확인하면서 그에 맞춰 미리미리 국밥을 준비하는 것이다. 홀에 있는 직원들 역시 모니터 화면을 통해 손님 수를 미리 파악한 다음 손님이 들어서기 전에 테이블 세팅을 마치고 밑반찬까지 준비했다. 이렇게 하니 음식을 내놓는 시간이 줄어드는 것은 물론, 손님들도 기분 좋게 식사를 하고 돌아갈 수 있었다.

어떻게 CCTV를 주차장에 설치할 생각을 했느냐고 물으니 사장님은 이렇게 대답했다. "1호점에서 손님들이 하도 기다리는 게 저한테 한이 됐어요. 그래서 시간을 조금이라도 당겨보려고 설치했어요."

식당에서 손님을 기다리게 하면 '사용자 경험UX, User Experience'

이 나빠진다. 때문에 사용자 경험을 개선하려는 노력은 모든 서비스업계에서 하는 일이다. 대형 쇼핑몰이나 은행에서도 서비스 수준을 관리하기 위해 '고객응대 프로토콜'을 만든다. 프로토콜에는 고객에게 인사할 때 목소리 톤은 어느 정도가 적당한지에 관한 것까지 포함되어 있다.

광덕식당 사장님이 남달랐던 것은 서비스의 영역을 식당 내부 뿐만이 아니라 주차장까지 확대했다는 데에 있다. 즉 서비스 영역을 허물어서 손님이 식당에 들어서기 전부터 관리한다는 생각을 했다는 것이 정말 놀라운 점이다. 결과만 놓고 보면 뭐 그리 대단한 일인가 싶을 수도 있는데, 내가 아는 한, 심지어 대기업에서조차 이렇게 서비스의 영역을 허물어서 새로운 관점으로 문제를 해결한 사례는 그리 많지 않다.

또 한 가지는 CCTV는 원래 보안을 위한 도구인데 이걸 고객 관리 도구로 전환해서 사용했다는 점이다. CCTV는 이미 주변에 있던 도구지만 이 도구를 자신의 문제해결을 위해 창의적으로 사용하는 건 별개의 문제다. 광덕식당 사장님의 경우에도 그만큼 고민의 깊이가 남달랐고 창의적인 관점이 있었기에 가능했을 것이다.

주차장에 CCTV를 단 것 자체는 아주 작은 변화라고 할 수 있다. 하지만 그것이 만들어낸 가치는 결코 작지 않다. 모두가 당연하게 여겨서 지나쳐버릴 수 있는 문제에 대해 집요하게 고민했기에 아주 작은 변화로도 남다른 성공을 이끌어낼 수 있었던 것이다.

○●● 퀀텀 점프를 하려면

미래학자 앨빈 토플러Alvin Toffler는 생전에 "21세기의 문맹illiterate은 읽고 쓸 줄 모르는 사람이 아니라 배우고learn, 배운 것을 일부러 잊고unlearn, 다시 배우는relearn 능력이 없는 사람이다"라고 말했다. 21세기에 필요한 리터러시는 '이전의 지식과 기술을 버리고 새로운 지식과 기술을 받아들일 수 있는 능력'이라는 의미다. 나는 앨빈 토플러의 이 명언을 '21세기에는 워낙 빠른 속도로 패러다임이 변화하기 때문에 기존의 지식과 기술에 머물러 있다간 빠른 속도로 경쟁에서 뒤처지고 도태될 것'이라는 엄중한 경고로 늘 마음에 새기고 있다.

오늘날처럼 모든 것이 빠르게 변하는 시대에 도태되지 않고 계속 성장하기 위해서는 끊임없이 공부하면서 지속적인 자기혁신을 해야 한다. 그런데 4차 산업혁명 시대는 여기서 더 나아가 우리에게 점진적인 발전이 아닌 비약적인 성장, 즉 '퀀텀 점프

quantum jump'를 요구하기도 한다. 퀀텀 점프는 양자역학에서 사용하는 표현으로 양자가 하나의 에너지 상태에서 다른 에너지 상태로 옮겨갈 때 계단 위로 도약하듯 뛰어오르는 현상을 가리킨다. 경제학에서는 '단기간의 비약적인 성장이나 발전'을 의미하기도 한다. 최근 전 세계에서 가장 변혁적인 마케팅 리더로 주목을 받는 라자 라자만나르Raja Rajamannar는 자신의 저서《퀀텀 마케팅Quantum Marketing》에서 퀀텀의 의미를 '기존의 한계, 알려진 한계를 넘어서는 새로운 방법 및 계책'이라고 새롭게 정의하기도 했다.

우리는 이미 수십 년 전부터 피터 드러커Peter Drucker와 같은 경영 구루들로부터 '자기혁신'의 중요성에 대해 들어왔다. 그러므로 지금 내가 강조하려는 건 자기혁신 자체가 아니다. 중요한 것은 오늘날 우리에게 요구되는 자기혁신은 연속적이고 점진적인 방식만이 아니라 비연속적이고 비약적인 방식이기도 하다는 점이다. 그렇다면 우리는 어떻게 해야 퀀텀 점프를 할 수 있을까. 새로운 지식과 기술을 흡수만 하는 것이 아니라 다각적인 관점으로 해석해서 서로를 '연결'하는 것까지 할 수 있어야 한다. 그래야만 이전의 패러다임으로는 설명하기 어려운 완전히 새로운 가치와 산출물을 만들어낼 수 있다. 기업의 마케팅이나 비즈니스 성공 관점에서만 그런 것이 아니라 개인의 성장과 혁신의 관점에서도 그렇다.

가끔 강연장에서 듣는 질문이 있다. "지금 영문과에 다니고 있는데 구글에 취직하려면 어떻게 해야 할까요?" 전자공학이나 정보통신공학과 같은 공학도가 아닌 인문학 전공자도 구글에 입사할 수 있느냐는 취지의 질문일 텐데, 사실 구글에서 일하는 데 대학 전공은 그리 중요한 요소가 아니다. 나는 구글뿐 아니라 세계적인 글로벌 기업 대다수가 그러할 것이라고 믿는다. 대학 전공보다 중요한 것은 배우고 경험한 것을 자신의 업무에 얼마나 '창의적으로 연결할 수 있는가'다.

예전에 현역 의사를 대상으로 강연을 진행한 적이 있다. '의학 지식과 의료 기술에만 해박하면 되지 않을까'라고 생각하는 분들이 있는가 하면, 강연에서 설명한 빅데이터나 머신러닝과 기술에 관심을 기울이며 공부하려는 태도로 접근하는 분들도 있었다. 인공지능 로봇이 인간의 질병을 진단하고 치료법을 제시하는 미래가 빠르게 다가오고 있다. 이런 시대에 누가 더 경쟁력 있는 의사로 살아남을 수 있을까? 누가 더 빠르게 퀀텀 점프할 수 있는 기회를 잡을 수 있을까?

끊임없이 공부하는 것도 어려운데 여기에서 더 나아가 비약적인 성장을 이뤄낸다는 건 결코 쉬운 일은 아니다. 하지만 우리는 이미 경쟁에서 살아남으려면 '대체불가능한' 사람이 되어야 한다는 것을 알고 있다. 어떤 조직에서든 남다른 가치와 산출물을 만들어낼 수 있는 대체불가능한 인재가 되려면 더 이상 점프대 앞에서 망설여선 안 된다. 도약판을 힘차게 딛고 뛰어올라야 한다.

○●● 인생에 쓸모없는 우연이 있을까?

'내가 하고 있는 일이 과연 의미가 있을까?', '나는 앞으로 어떤 일을 해야 할까?' 조직에 속해 있든 그렇지 않든 직업을 가진 사람이라면 누구나 한 번쯤 하게 되는 고민이다. 이 글을 읽는 순간에도 고민이라면 지금 하고 있는 일을 새로운 관점으로 바라볼 때가 됐다는 뜻이다. 이와 관련해서 스티브 잡스가 말한 '커넥팅 더 닷츠connecting the dots'라는 개념을 살펴보자. 지금 하는 일들이 서로 연관성이 없어 보이는 점들dots로 보일 수 있지만 이 점들이 미래에 어떻게 연결connecting될지 아무도 알 수 없기에, 현재 하고 있는 일이든 공부든 최선을 다해서 해내는 것이 중요하다는 취지의 이야기다.

애플의 창업가 스티브 잡스는 스탠퍼드대학교의 졸업식 연설에서 학창 시절에 우연히 듣게 된 서체 수업이 자신의 인생에서 아주 중요한 전환점이 되었다고 말했다. 순전히 개인적인 호기심에서 서체 수업을 듣게 되면서, 서체의 다양한 종류와 여러 서체의 조합으로 생기는 여백의 중요성, 그리고 서체를 이루는 디자인 요소들에 대해 자세히 알게 되었다. 10년 후 스티브 잡스는 첫 번째 매킨토시를 구상할 때 서체 수업에서 알게 된 모든 것을 응용했고, 결국에는 아름다운 서체를 가친 최초의 컴퓨터를 선보였다. 결과적으로 자신의 경험을 현재의 일에 창의적으로 활용함으로써 남다른 성공을 이루게 된 것이다.

아침에 출근해서 퇴근할 때까지 종일 해온 업무들이 재미없고 가치가 없는 일이라고 느껴질 수 있다. 매일 반복되는 하루를 보내며 '내가 이 일을 언제까지 해야 할까?' 하는 자괴감에 시달릴지도 모른다. 하지만 단순해 보이는 업무가 나중에 어떤 의미로 증폭되어 돌아올지는 누구도 함부로 판단할 수 없다. 광덕식당의 사례에서도 볼 수 있듯이 혁신은 꼭 거창한 것이 아니다. 사소하고 단순한 일이더라도 새로운 관점과 기술이 결합되면 얼마든지 창의적인 나만의 방법론이 만들어질 수 있다.

또 하나 중요한 것이 있다. '목표를 향한 집요함'이다. 우리는 자신의 일에서 가치를 찾지 못할 때, 주어진 과업을 쉽게 포기해버리는 경향이 있다. 하지만 오늘 하루가 쌓여 미래를 만든다는 사실을 기억한다면, 작은 것이라도 목표로 정해두고 집요하게 매달려보는 시도를 멈추지 말아야 한다. 광덕식당 사장님은 기다리는 손님들을 보면서 '한이 될 정도'라고 표현했는데, 자신의 업에 대한 목표가 얼마나 확실한지 여실히 보여주는 대목이다. 식당을 찾아준 손님에게 최상의 서비스와 음식을 제공한다는 목표에 명확하게 초점을 맞추고, 집요하리만큼 고민에 고민을 거듭했기 때문에 예상치 못한 탁월한 결과를 낳을 수 있었던 것이다. 변화가 필요한 순간에는 성급하게 끝을 예단하지 않고 목표를 향해 지속적으로 시도하고 도전해야 한다.

그런 의미에서 볼 때 스티브 잡스가 말한 '커넥팅 더 닷츠'를 '인생에 쓸모없는 우연은 없다'라고 해석할 수 있다. 나는 이 말이 지닌 의미에 백퍼센트 공감한다. 학생, 군인, 직장인으로서, 또 여러 회사를 거쳐오면서 겪은 경험을 통틀어서 공감한다. 현재 자신이 하고 있는 일이 미래에 중요한 의미를 가질 수 있다고 믿어야 한다. 그렇게 되도록 매 순간을 치열하게 채워가야 한다. 그렇게 시간이 지나면 일과 삶에 대한 만족도뿐 아니라, 출근할 때의 표정도 확연히 달라지지 않을까.

○ ● ● 생존을 위해 필요한 3가지

나는 컨설팅회사, 대기업 등을 거쳐 구글에서 일하는 지금까지 여러 가지 다양한 프로젝트에 참여해왔다. 그런 다양한 경험들을 통해 어떤 관점을 갖고 일하느냐에 따라 결과와 최종 가치가 크게 달라질 수 있다는 사실을 뼈저리게 깨닫게 되었다.

앞에서 데이터가 아주 중요한 시대가 되었다는 것을 누차 강조했다. 그리고 데이터를 잘 엮어서 차별화된 경쟁력을 만들어내기 위해서는 무엇보다 창의적인 접근, 즉 새로운 관점이 뒷받침되어야 한다는 것도 여러 각도에서 말했다. 이것이 '데이터 리터러시'의 핵심이기도 하다. 그러면 이 데이터 리터러시를 '내 일'과 '내 삶'에 접목해서 구체적인 성과와 성장을 창출하려면 어떤 역량이 필요할까?

나는 '트렌드 새비Trend Savvy', '딥씽킹Deep Thinking', '컬래버레이션Collaboration'을 세 가지 핵심역량으로 제시하고 싶다. 트렌드 새비는 데이터를 넓고 깊게 보는 능력과 관련이 있고, 딥씽킹은 데이터의 상관관계를 분석해서 최적의 솔루션을 찾아내는 일과 관련이 있으며, 컬래버레이션은 함께 일하는 사람들과 솔루션을 공유하고 구체적인 성과를 창출하는 일과 관련이 있다. 이 세 가지 역량은 서로 긴밀하게 연결되어 있어서 어느 한 가지만 뛰어나게 잘할 순 없고, 그래서도 안 된다. 세 가지 역량의 균형을 이루는 것도 매우 중요하다.

이 세 가지 역량은 내가 찾아낸 것이라기보다 이미 성공한 프로젝트에서 공통적으로 발견되는 것이면서, 또한 성과가 높은 사람들의 공통적인 자질이기도 하다. 지금까지 많은 프로젝트를 진행했는데 그 가운데 성공했던 프로젝트에는 모두 트렌드 새비와 딥씽킹, 컬래버레이션이 완벽한 조화를 이루었다. 트렌드 새비와 딥씽킹 컬래버레이션을 한다고 해서 모든 프로젝트가 성공하는 것은 아니지만, 성공한 프로젝트를 보면 반드시 이 세 가지가 전제된다는 사실을 경험한 것이다. 나는 멘토를 정해서 그들의 특정 역량을 집중적으로 공부하며 훈련하곤 하는데, 그 멘토들 역시 이 세 가지 역량에서 뛰어난 자질을 가지고 있었다. 마치 모든 독서광이 CEO가 되는 것은 아니지만, 모든 CEO가 독서광인 것처럼 말이다.

우리는 '대체불가능한 사람'이 되지 않으면 생존할 수 없는 시대를 살아가고 있다. 인공지능은 갈수록 똑똑해지고 있으며, 앞으로 인간이 하고 있는 일을 하나씩 대신하게 될 것이 분명하다. 이는 회사에서 생존해야 하는 직장인뿐 아니라 구직, 입시, 양육의 과정에서 전쟁을 치르고 있는 모두에게 적용되는 말일 것이다. 그런 점에서 트렌드 새비, 딥씽킹, 컬래버레이션은 4차 산업혁명 시대에 도태되지 않기 위해 꼭 갖춰야 할 역량이며, 그렇기에 이 세 가지 역량을 자세히 살펴보는 것이 이 책의 가장 큰 목표다.

자, 그러면 다음 Part 2의 트렌드 새비를 시작으로 한 가지씩 차근차근 살펴보자.

Trend Savvy

Part 2

자신의 일에
새로운 기술을 연결하라

어떤 기술을 발견했을 때 그 기술을 자신이 하는 일에
어떻게 연결시킬지 고민하자.
전에 없던 새로운 가치와 독창적인 성과는
바로 이 지점에서 시작된다.

안테나를 세우고
세상을 센싱하라

○ ● ● **당신은 정말 트렌드에 민감한가?**

이 책을 읽고 있는 당신이 대기업의 마케팅 팀장이라고
가정해보자. 마케터로 고군분투하던 중에 당신은 이런 데이터를
접하게 된다. '드라마 ○○○ 시청률 38퍼센트. 수도권 시청률은
40퍼센트.' 기록적인 시청률을 목도한 당신은 이 드라마와 관련
한 데이터를 샅샅이 뒤져본다. 주인공들이 걸쳤던 옷은 물론 소
품으로 쓰인 인형까지 모두 완판됐음을 확인한 당신은 이런 생
각을 하게 된다. '저 드라마 방송 전후에 우리 기업의 메시지를
송출할 기회를 잡아야겠다!'

그렇지 않아도 광고 예산을 어느 매체에 어떤 식으로 집행해야 할지 고민이던 차에 이런 데이터를 발견한 당신은, 모든 광고 집행을 TV에 집중해야겠다고 마음먹고는 이튿날 파트너사에 연락해 회의를 소집했다. 드라마 시청률의 실시간 변화 데이터를 내밀며 당신은 이렇게 말한다. "여기 드라마 시청률 좀 보세요. 압도적이죠. 드라마에 나온 제품들도 모두 성공했다는데, 굳이 유튜브 같은 뉴미디어 채널에 광고할 필요가 있을까요?"

가정법으로 시작한 얘기지만, 사실 몇 해 전 내가 직접 겪은 이야기다. '효과적인 유튜브 광고 전략'에 대해 상의하는 회의 자리에서 당시 연일 시청률을 갱신하던 한 드라마가 화제에 올랐고, 광고 집행 결정자였던 클라이언트는 이에 대한 데이터를 근거로 유튜브를 비롯한 뉴미디어 채널 광고에 회의적인 입장을 드러냈다.

당시 클라이언트가 그렇게 주장했던 건 일면 당연하다. 모름지기 데이터는 거짓말을 하지 않으니 말이다. 하지만 표면적으로 드러난 숫자 하나를 단편적으로 해석해 판단한다면 그 데이터는 자칫 독이 될 수 있다. 그래서 나는 매번 강조한다. 어느 데이터를 두고 섣불리 판단 내리기에 앞서 '한 번 더' 깊게 들여다보라고 말이다. 4차 산업혁명 시대의 가장 큰 특징은 데이터의 양이 방대하다는 것이고, 어느 플랫폼을 어떤 관점에서 이용하느냐에 따라 해당 데이터가 상징하는 바는 전혀 다른 결과를 암시한다.

당시 모 드라마의 유례없는 시청률이 세상을 떠들썩하게 하는 사이, 내가 주목했던 또 다른 데이터가 있다. '스마트기기를 조작하며 TV를 보는 비율 86퍼센트.' 열 명 중 여덟 명 이상이 TV를 보면서 스마트폰이나 태블릿 PC 등 다른 디바이스를 사용한다는 것이다. 자, 여기에서 한 단계 더 깊이 들어가보자. 그렇다면 전체 TV 광고 콘텐츠 중에서 누수되는 콘텐츠 비율은 얼마나 될까. 실제 측정된 데이터에 따르면 TV 광고 콘텐츠 누수율는 무려 63퍼센트에 달한다. 이미 시청자 대다수는 TV와 함께 다른 디바이스를 쓰는 게 생활 습관으로 자리 잡은 것이다.

이제 처음의 드라마 시청률 이야기로 돌아가보자. 기록적인 시청률 38퍼센트도 중요한 데이터임엔 분명하지만, 더 깊이 들어가 해당 드라마의 시청자 중 63퍼센트는 드라마 방영 전후 혹은 중간에 붙는 TV 광고가 나오는 순간, 광고 시청 이외에 다른 행동을 한다는 사실을 놓쳐서는 안 된다.

아무리 많은 데이터를 수집하더라도, 그 데이터의 의미를 깊이 있게 다각도로 분석해 제대로 활용하지 못한다면 그 사람은 '트렌드 새비Trend Savvy하다'고 말하기 어렵다. 최근에 나는 이렇게 말하는 사람들을 자주 본다. "나는 안테나를 세우고 최신 기술과 정보, 트렌드들을 놓치지 않으려고 노력합니다. 틈나는 대로 책도 많이 읽고, 필요할 때는 외국의 최신 논문까지 찾아 읽습니다. 특히 요즘은 유튜브를 통해서 많은 정보를 취하고 있어요."

하지만 '트렌드 새비하다'는 건 단순히 트렌드를 많이 알고 수집한다는 것이 아니다. 물론 최신 트렌드를 많이 아는 것도 중요하지만, 그보다 더 중요한 건 '어떤 트렌드를 자기 업무(과제)에 어떻게 연결시킬 것인가'다. 영어 'savvy'의 의미도 '능통하다', '요령이 있다'다. 아무리 많은 트렌드를 파악했다 한들 '그것을 어떠한 관점에서 어떻게 활용할 것인가'라는 문제의식과 창의력이 없으면 가치 있는 산출물을 기대할 수 없다. 영국의 물리학자인 뉴턴Isaac Newton은 나무에서 떨어지는 사과를 보고 '만유인력의 법칙'을 깨쳤고, 고대 그리스 수학자 아르키메데스Archimedes는 욕조의 물이 넘치는 것을 보고 '황금의 밀도'를 측정하는 법을 발견했으며, 천재 물리학자 아인슈타인Albert Einstein은 시계탑 옆을 지나는 열차를 보면서 '상대성 이론'을 구상할 수 있었다. 이들에게 주어진 정보는 사실 특별한 게 아니다. 그러나 그들에게는 작은 정보로부터 전혀 다른 결과물을 도출해내는 혜안이 있었다. 즉, 자칫 간과할 수 있는 데이터를 발견하고 이를 자신의 과제와 연결시키는 독창적인 관점과 창의력이 있었던 것이다.

○ ● ● 판을 바꾸는 결정적 기술

5G 통신망 시대가 본격화된 만큼 상대방의 모습을 보면서 대화하는 화상채팅이 점차 큰 비중을 차지하게 될 것이다. 문자채팅 대신 화상채팅이 일상화될 경우 어떤 이슈가 생길까? 화상으로 대화하다 보면 어쩔 수 없이 배경이 드러나게 마련이다. 내가 어디서 무엇을 하고 있는지 쉽게 노출되는 것이다. 프라이버시를 중시하는 사람들에겐 내가 머무는 곳이 여과 없이 상대방에게 드러나는 게 적지 않은 부담으로 작용할 것이다.

우리나라의 대표적인 글로벌 소셜플랫폼 기업 하이퍼커넥트 Hyperconnect는 소비자 관점에서 이런 불편함에 주목했고, 자신들이 개발한 화상채팅 앱 아자르Azar에 '배경 없는 화면'을 설정할 수 있는 기능을 장착시켰다. 사람들이 사생활 노출에 대한 부담 없이 편하게 화상채팅을 할 수 있도록 한 것이다. 2021년 2월 기준, 아자르는 230개국에서 5억 이상의 누적 다운로드를 기록하고 있다. 코로나19로 비대면 커뮤니케이션이 확장되고 있는 요즘, 이제는 구글 미트Google Meet 같은 화상회의 앱에서도 배경을 없애거나 다른 배경을 선택할 수 있는 기능이 제공되고 있다.

흥미로운 점은 아자르가 선보인 '배경을 지우는 기술'은 하이퍼커넥트에서 개발한 것이 아니라 이미 존재했던 기술이라는 점

• 글로벌 소셜플랫폼 기업 하이퍼커넥트에서 개발한 영상 채팅 앱 아자르 •

이다. 인공지능 기술 중에 이미지 콘텐츠의 해상도를 높여주는 '업스케일링upscaling' 기술이 있는데, 이 기술 덕분에 인공지능 시스템은 인물이나 사물의 테두리를 정교하게 인식해 깔끔하게 오려낼 수 있다. 하이퍼커넥트는 이 기술을 활용해 인물만 살리고 배경은 없애버리는 기능을 구현해냈다.

여기에서 주목해야 할 점은 하나다. 바로 현재의 업業과 크게 관련이 없어 보이는 기술을 적용해볼 생각을 했다는 점이다. 앞서 프랑스 방송사에서 드라마 홍보를 위해 루이 14세 목소리를 재현하는 기술을 활용했듯이 말이다. 두 사례 모두 아이디어에 기술이 창의적으로 결합됐을 때, 어떤 가치가 창출되는지 극명하게 보여준다.

새로운 정보와 기술은 지금도 계속 개발되고 빠르게 확산되고 있다. 이제는 흔히 들을 수 있는 블록체인block chain이나 양자컴퓨팅quantum computing 같은 기술은 불과 한 세대 전만 해도 세상에 없었다. 우리가 사는 현재의 세상은 하루에도 엄청난 정보와 데이터를 쏟아내며, 도태되지 않으려면 어서 빨리 이를 통해 인사이트를 도출해내라고 압박한다. 하지만 모든 정보와 기술을 습득하기란 애초에 불가능할뿐더러 정보와 기술 자체가 경쟁력이 되지는 않는다. 어떤 기술을 발견했을 때 그 기술을 자신이 하는 일에 어떻게 연결시킬지 고민하는 것이 더 중요하다. 전에 없던 새로운 가치와 성과는 바로 이 지점에서 시작되기 때문이다.

그런 움직임은 이미 글로벌 기업에서 많이 확인된다. 특히 홍보 및 마케팅과 관련한 업무에서 확인할 수 있는데, 한 예로 기술과 아이디어를 독창적으로 결합해 소비자의 마음을 사로잡는 디지털 광고가 속속 등장하고 있다. 가령 초음파감지센서가 부착된 디지털 스크린이 사람들의 움직임에 반응해 그때그때 다른 정보를 보여주는 형식이 있는데, 이러한 맞춤형 광고는 사람들에게 강렬한 기억과 체험을 남기기 때문에 매우 효과적이다.

스웨덴 스톡홀름의 한 지하철역에 등장했던 헤어케어 제품 광고도 그런 사례다. 플랫폼에 설치된 디지털 광고 스크린에 긴 머리의 여성이 있는데, 지하철이 플랫폼에 들어오는 순간 여성의 긴 머리카락이 바람에 흩날린다. 스크린 속의 여성이 실제 살아 움직이는 듯한 모습에 사람들의 눈길이 모아진다. 이 디지털 스크린은 지하철 도착시간을 실시간으로 감지해 지하철이 역에 도착할 때마다 센서가 반응하여 여성의 모습이 변하도록 설계되었다.

또 옥외전광판이 항공기 운항 정보를 트래킹하는 시스템과 연동되어 실시간으로 반응하는 형식의 광고도 있다. 영국 항공사 브리티시 에어웨이British Airways의 옥외광고가 대표적이다. 영국 런던 피카딜리 서커스에 설치된 디지털 전광판에 어린아이가 앉

• 상공의 비행기를 가리키도록 제작된 브리티시 에어웨이의 디지털 옥외광고 •

아 있는 영상이 뜬다. 자리에서 일어난 아이는 뭔가 발견한 듯 손가락으로 공중을 가리키며 즐거워한다. 그런데 아이의 손끝이 향하는 곳엔 실제로 비행기가 상공을 날고 있다. 바로 그 순간 전광판에는 '바르셀로나로 가는 BA475편'이라는 해당 비행기의 정보 문구가 뜬다. 전광판의 200킬로미터 이내 상공에 브리티시 에어웨이의 비행기가 나타나는 시점이 되면 영상이 자동재생되도록 아이디어와 기술을 접목한 것이다.

이 영상을 처음 접하는 사람은 이제껏 보지 못한 신기술을 신기해하는 한편 브리티시 에어웨이라는 브랜드를 깊게 각인하게 된다. 실제로 캠페인 론칭 결과, 브리티시 에어웨이의 웹사이트의 순방문자 수는 7만 5,000명 이상으로 증가했고, 프로모션 영상 유튜브 조회수는 100만 건이 넘었다. 여기에 더 보태, 약 118개국의 뉴스에서 언급될 정도였으니 신기술을 활용한 맞춤형 광고의 기대 효과는 상상 이상이라 하겠다.

디지털 옥외광고는 누구나 떠올릴 수 있는 아이디어다. 그러나 그 아이디어를 구현함에 있어서 어떤 기술을 결합하느냐에 따라, 또 어떤 도구로 접근하느냐에 따라 결과는 천양지차로 달라진다. 관점을 혁신해서 창의적인 아이디어를 도출하는 것만큼이나 '기술'이라는 도구를 잘 선택하고 다루는 것 역시 중요한 것이다.

방탄소년단이 유튜브를 활용하는 방법

'공개된 지 13분 만에 조회수 1,000만 뷰 달성, 20시간 55분 만에 1억 뷰 달성.' 최근 발매된 방탄소년단BTS의 신곡 〈버터Butter〉 뮤직비디오의 유튜브 조회 기록이다. 현재까지 전 세계 뮤직비디오를 통틀어 최단 시간을 기록했는데, 뮤직비디오 공개와 동시에 이를 라이브로 지켜본 동시 접속자 수는 390만 명으로 집계됐다(유튜브 뮤직비디오 라이브 접속자 역대 최고 수치다). 이후 버터는 미국, 영국 등 101개국의 애플 아이튠스 차트 1위에 오르는 등 전 세계 각종 음원 플랫폼을 휩쓸며 연일 기록을 갱신하고 있다.

'흙수저 아이돌'이라 불릴 만큼 척박한 현실에서 출발해 한국 가수 최초 빌보드 싱글 1위라는 경이적인 기록을 세운 방탄소년단의 성공 신화는 과연 어떻게 이루어졌을까? 당연히 노래의 힘이 컸을 것이다. 하지만 그와 함께 트렌드, 기술, 데이터를 자신이 하는 일에 창의적으로 연결시킨 그들의 혜안을 빼놓을 수 없다. 무엇보다 나는 방탄소년단이 유튜브를 활용하는 방법을 보며 놀라움과 기쁨을 동시에 느꼈다. 유튜브에서는 영상의 품질보다 소통의 방식이 중요하다는 점을 정확하게 이해하고 있었기 때문이다.

방탄소년단은 이미 데뷔 전부터 유튜브를 적극적으로 활용해 팬들과 소통해왔다. 그런데 그들이 유튜브를 활용하는 방식은 치밀하게 기획해 잘 짜여진 콘텐츠를 제공하는 여느 아이돌과는 달랐다. 비록 세련된 콘텐츠는 아니었지만 자신들의 소박한 일상을 가감 없이 공개했고, 10대와 20대에게 쏟아지는 사회적 편견을 음악을 통해 깨고 싶다는 소망을 또래와 함께 나눴다.

스타가 아닌, 동시대를 살아가는 평범한 일곱 청년의 모습은 팬들의 마음을 움직였다. 단순한 동경을 넘어 헌신적으로 이들을 응원하게 된 것이다. 방탄복과 군대Army가 떼려야 뗄 수 없는 관계이듯, 이 일곱 청년과 항상 함께하겠다는 의미의 팬클럽 '아미'는 그렇게 탄생했다. 이제 아미가 없는 방탄소년단은 상상할 수 없게 되었고, 방탄소년단 역시 자신들의 활동 영역에 아미를 최우선으로 두고 있다. 자신이 좋아하는 가수를 다른 사람들에게도 알리는 것을 요즘말로 '영업'이라고 하는데, 유튜브에서 'React to BTS'로 검색하면 조회되는 동영상이 수백만 건에 이른다. 전 세계에 포진한 글로벌 아미들이 방탄소년단의 영상을 처음 본 사람들의 반응을 찍어 올린 콘텐츠들이다. 방탄소년단과 관련한 영상을 그들의 팬이 2차 콘텐츠로 만들어 팬덤을 확장시키고 있는 것이다.

방탄소년단을 탄생시킨 방시혁 하이브(2021년 빅히트엔터테인먼트에서 하이브로 사명을 바꿨다) 대표는 최근 개최된 한 포럼에서 이렇게 말하기도 했다. "방탄소년단의 성공은 유튜브 기술의 존재 가치와 파급력을 증명한 것입니다. 전 세계인들이 방탄소년단의 노래와 대화를, 그리고 메시지를 자발적으로 해석하고 공유하며 방탄소년단을 유튜브 시대의 비틀즈, 주변부의 영웅으로 만들어냈습니다."

결국 방탄소년단은 외적인 화려함으로 선망의 대상이 되는 아이돌그룹을 넘어, 대중으로부터 정말 사랑받고 그들의 삶을 함께 나누는 친구 같은 스타로 자리매김했다. 유튜브를 단순히 영상 콘텐츠를 모아놓는 창고로 사용했더라면 지금의 아미도, 지금의 방탄소년단도 존재하기 어려웠을 것이다(유튜브를 운영하는 입장에서 보자면 너무 감사한 일이다).

누구에게나 주어지는 정보와 기술을 보다 깊게 들여다보고 그 과정에서 자신만의 이야기를 어떻게 전달할 것인지에 대한 고민이 필요하다. 트렌드를 놓치지 않는 것보다 어떻게 기술을 창의적으로 활용해 최고의 성과물을 도출해낼 것인지가 더 중요하니 말이다.

5

누구를 위해 새로운 기술을 찾고 있는가

○●● 사용자 관점에서 출발하기

요즘은 모자 하나를 사려고 해도 매장에 바로 가지 않고 일단 포털사이트 검색창부터 연다. 좋아하는 브랜드명을 입력해 신제품이 나왔는지 살펴보고 쇼핑몰 이곳저곳을 들락이며 가격도 비교한다. 이런 일을 몇 번 반복하면 어느 순간 내 SNS에 패션 관련 광고들이 뜬다. 이사라도 할라치면 가전제품 광고를 보게 되고, 이직이나 결혼을 앞두곤 신형노트북이나 자동차 등의 광고를 집중적으로 보게 된다. 신기한 것은 동일 브랜드더라도 내가 처한 상황에 따라 다른 사양의 제품이 등장한다는 것이다.

이렇게 정밀한 '퍼스널라이즈드 마케팅personalized marketing'이 가능해진 데에는 빅데이터와 인공지능 기술의 영향이 크다. 앞서 말했듯 우리의 일상생활은 실시간 빅데이터로 저장되고 있다. 모든 모바일 사용자의 데이터가 시간당 70억 개가량 축적되는데, 5G 시대가 열리면서 그 수치는 훨씬 더 커지고 있다. 그냥 '크다'는 표현으로는 부족하고, 사실상 예측 불가능할 정도다. 이렇게 데이터가 기하급수적으로 늘어나고 이를 처리할 수 있는 인공지능 기술이 발전하면서 우리는 시장과 고객에 대해 더 많이, 더 빠르게 이해하고 분석할 수 있게 되었다.

그렇다면 이제는 이 모든 것을 내가 해결해야 할 문제와 어떻게 '연결'할 것인지 고민해야 한다. 데이터를 모으고 분석하는 일은 인공지능에 맡기고 우리는 인간에게만 주어진 창의성을 발휘해야 한다.

데이터를 포함해 트렌드를 문제해결로 연결하는 데 있어 가장 중요한 기준은 '사용자 관점'이다. 즉 사용자 관점에서 트렌드를 바라봐야 하고, 사용자 관점에서 문제해결 방식을 고민해야 한다. 어떤 문제를 해결하고자 할 때 고민의 초점이 사용자에 맞춰져 있지 않으면 어떤 데이터와 기술이 필요한지 정확하게 판단할 수 없다. 한편으론 필요한 데이터와 기술을 손에 쥐고도 이것을 어떻게 문제해결에 접목해야 할지 판단하지 못할 수도 있다.

구글에서 강조하는 가장 중요한 철학 중 하나도 '풋 유저 퍼스트_put user first', 즉 모든 의사결정에서 사용자가 원하는 것이 무엇인가를 최우선으로 생각하는 것이다. 구글에서 나는 '이렇게까지?' 하는 생각이 들 만큼 모든 의사결정이 사용자 관점으로 이루어지는 걸 매일같이 경험한다. 심지어 매출을 포기해야 하는 상황에서조차 '사용자 경험'과 '사용자 가치'를 최우선으로 의사결정을 내려야 한다는 원칙이 흔들리는 것을 본 적이 없다.

'고객만족경영CSM, Consumer Satisfaction Management'은 이미 1980년대부터 기업 이익을 창출하는 가장 중요한 수단으로 주목받기 시작한 개념이다. 고객만족경영이란 말 그대로 고객을 만족시켜 감동을 줌으로써 제품 서비스를 구매하도록 유도하고 나아가 브랜드 선호도를 높이는 것이었다. 그리고 고객을 만족시키는 가장 중요한 요소는 제품 서비스의 '품질'이었다.

디지털 시대로 전환된 오늘날에도 우리는 고객에게 감동을 전해야 한다. 다만 고객이 원하는 감동의 내용과 수위가 달라졌다. 오늘날의 고객들은 제품 서비스의 품질만으로는 감동하지 못한다. 많은 경우에 품질은 당연한 것으로 간주되고 고객들은 그 이상을 원한다. 말하자면, 광고를 보다가 해당 제품이 마음에 들었을 때 클릭 한 번으로 구매까지 할 수 있는 서비스가 제공되기를 바란다. 직접 부품을 추가하고 조립해서 세상에 하나밖에 없는 가구를 소유하기를 바란다. 아이들이 먹을 친환경 채소가 플라스틱이 아닌 종이 상자에 담겨 배달되기를 바란다.

고객들의 요구 수준이 높아지고 다양해졌지만, 한편으로 다행인 것은 고객에게 감동을 전하기 위해 필요한 데이터를 모으고 분석하는 것 역시 수월해졌다는 점이다. 그래서 가능해진 것이 일대일 맞춤형 정보를 제공하는 퍼스널라이즈드 마케팅이다. 이러한 맞춤형 마케팅을 위해서는 여러 다양한 지식과 기술, 새로운 트렌드를 도구로 활용할 수 있어야 한다. 이것이 바로 '트렌드 새비' 역량이다.

○●● **애정 어린 시선으로 바라보기**

사용자를 맨 앞에 둔다는 것, 사용자 관점으로 문제를 바라본다는 것은 쉽게 말해 '애정 어린 시선으로 바라보기'다. 어떻게 하면 사용자의 니즈를 '제대로' 만족시킬 수 있을지 진정성 있게 고민하다 보면 저절로 애정 어린 시선이 생긴다. 이때 중요한 것은 사용자들의 불만을 부정적으로 바라보지 않는 것이다. 사용자의 불만(혹은 불편)을 세밀히 들여다볼 때, 그 불만은 오히려 생각지 못한 아이디어로 탈바꿈하기도 한다.

시각장애 학생을 위한 특수교육기관인 대구광명학교에서는 매우 특별한 졸업앨범을 제작했다. '손으로 보는 따뜻한 세상'이라는 이름의 이 앨범은 증명사진과 이름만 인쇄된 여느 졸업앨범과 다르다. 앞을 보지 못하는 시각장애 학생들이 직접 만질 수 있도록 졸업생들의 얼굴을 제작해 넣었다. 뿐만 아니라 그들의 목소리를 담은 음성파일도 함께 제작해 탑재했다. 아이들은 졸업한 후에도 친구의 얼굴과 목소리를 손과 귀로 직접 접하며 학창시절의 추억을 생생하게 떠올릴 수 있을 것이다.

3D 프린트와 스캐너라는 신기술이 있었기에 가능했던 일이지만 앞을 보지 못하는 학생의 입장에 서서, 그들을 애정 어린 시선으로 바라보지 않았더라면 이 졸업앨범은 세상에 나오지 못했을 것이다. 사용자 관점에서 그들의 어려움을 해결하기 위해 끝까지 고민을 밀어붙여야 하는 이유가 여기에 있다.

국내 여러 기업과 마찬가지로 구글도 장애인 채용에 진정성 있는 접근을 하려고 노력한다. 우선 장애인 채용 인터뷰를 진행할 때 미리 메일을 보내 여러 가지를 확인한다. 면접 보러 올 때 휠체어가 필요한지, 인터뷰 질문지의 글자 포인트는 어느 정도가 좋겠는지 등등을 확인해서 개별 맞춤으로 면접 준비를 하는 것이다. 그리고 장애인 직원이 입사하면 책상과 의자를 체형에 맞게 제공하고 컴퓨터 모니터까지 교체해 최적의 환경에서 불편함

• 시각장애인 학생들을 위해 제작된 대구광명학교의 졸업앨범 •

없이 일할 수 있도록 해준다. 이런 시스템에서 내가 느끼는 것은 '진정성'이다. 회사 입장에서는 직원들도 고객인데, 구글은 이 고객 모두가 만족스러운 환경에서 일할 수 있도록 하기 위해 정말 진정성을 갖고 고민한다. 말로만 그러는 것이 아니라 그런 철학과 태도가 이미 모든 시스템에 녹아 있다.

사용자 관점을 설명할 때 로봇공학자로 유명한 데니스 홍 교수님도 빼놓을 수 없다. 이분은 유독 어린이에게 친절하신데, 어린이를 만나면 무릎을 굽혀 눈높이를 맞추고는 하이파이브를 하고 어깨동무를 한다. 물론 이분이 어린이를 유달리 좋아하기 때문이기도 하지만, 한편으로는 사용자 관점을 체화했기에 가능한 행동이기도 하다. 비즈니스적으로 해석하자면 애정 어린 시선을 목적을 위해 활용했다고나 할까.

비단 겉으로 드러나는 행동뿐만이 아니다. 아이들과의 대화에서도 교수님의 따뜻하고 배려 넘치는 에너지가 느껴진다. 예전에 어떤 강연에서 한 어린이가 "교수님 강연을 듣기 위해 포항에서 왔어요"라며 교수님께 수줍게 인사했다. 이에 데니스 홍 교수님은 아이와 눈을 맞추며 이렇게 말했다. "저는 어린이 친구를 만나기 위해 LA에서 왔어요. 제가 더 멀리에서 왔네요." 그날 강연은 그 아이에게 평생 잊을 수 없는 추억으로 남았을 것이다.

비즈니스 영역에서뿐만 아니라 우리 삶을 둘러싼 모든 문제에 있어서 사용자, 즉 '고객'을 중심에 두고 고민해야 한다. 아이를 교육하는 부모도 다르지 않다. 대부분의 부모는 아이가 일찍부터 디지털기기를 접하면 정서 발달에 해로울 거라 생각한다. 하지만 1990년대 중반 이후 태어난 Z세대의 경우 태어날 때부터 이미 '디지털 본능'을 지니고 있다. 어떤 회장님께 전해 들은 이야기다. 전화를 받느라 읽던 책을 잠시 바닥에 내려놓았는데, 네 살짜리 손자가 다가오더니 책의 그림을 엄지와 검지를 이용해 확대하려고 낑낑대더라는 것이다. 아무리 애써도 그림이 커지지 않자 아이는 금세 흥미를 잃곤 다른 놀잇감을 찾았다고 한다.

지금의 10대들은 '디지털 네이티브digital native'라고 불리기도 한다. 이 아이들은 스마트폰을 비롯해 노트북과 태블릿 PC까지 평균 5개의 다양한 디지털기기를 능숙하게 사용한다. 아이들에게 디지털기기는 오락 수단이면서 학습 도구이기도 하고 친구들과 소통하는 커뮤니케이션 채널이기도 하다. 그렇다면 어릴 때부터 디지털 환경에 노출되어 자라온 아이들에게 정서 발달에 미치는 영향을 이유로 디지털기기를 못 만지게 하는 것이 과연 현명한 판단일까.

디지털기기가 아이들 정서 발달에 미치는 영향을 고민해야 하는 것은 맞다. 하지만 현실적으로 디지털기기가 배제된 일상이 불가능하다면, 그 사용을 허락할지 혹은 금지할지의 관점이 아니

라 디지털기기를 어떻게 활용해야 할까의 관점에서 고민하는 것
이 더 효과적인 접근법이다. 그것이 사용자, 즉 아이들의 관점에서
진정성 있게 문제를 고민하는 부모가 취해야 할 방법일 것이다.

○●● 인지적 접근, 인체공학적 접근

사용자 관점에서 한 발 더 들어가면 이제 인지적cognitive, 인체
공학적ergonomic이라는 관점이 중요해진다. 다양한 욕구와 취향
을 지닌 사용자 모두를 만족시켜야 하기 때문이다. 레스토랑을
고를 때도 누군가는 편안한 분위기를 중요하게 생각하고, 누군가
는 음식의 맛을 중요하게 생각한다. 그만큼 사람마다 취향과 생
각이 제각각이고, 갈수록 이는 세분화되고 있다. 기업 입장에서
소비자들이 갈수록 까다롭게 느껴지는 이유다. 그래서인지 최근
에는 컴퓨터공학과를 대신해 인지공학과가 가장 인기 있는 학과
로 손꼽히고 있다.

이와 관련해 자동차회사들이 시도하고 있는 차량구독car
subscription 서비스를 주목해볼 만하다. 이는 매월 일정 구독료를
지불하고 여러 차종을 자유롭게 이용할 수 있는 서비스로, '소유'
보다는 '체험'을 중시하는 사용자들의 변화 추세를 잘 반영한 것

이라 할 수 있다. 고가의 자동차를 구매하는 것은 적잖은 부담이 되지만, 매월 구독료를 내고 체험하는 방식은 사용자 입장에서 접근이 용이하다. 사용자를 늘리는 데 확실히 도움이 되는 것은 당연하다. '자동차를 구독하는 서비스를 제공한다'는 아이디어는 사람들이 어떤 걸 중요하게 생각하는지, 어떤 상황에서 편안함을 느끼는지, 어떤 방식으로 의사결정을 내리는지 등에 대한 인지적 혹은 인체공학적 접근이 있었기 때문에 가능했다.

이처럼 '트렌드 새비하다'라는 개념에는 '사용자 관점에서 인지적·인체공학적 접근을 한다'는 의미가 포함되어 있다. 이런 접근법이 얼마나 다른 결과를 만들어내는지는 우리 주변에서도 쉽게 확인할 수 있다.

코로나19 팬데믹의 방역 지침이 공식화되기 전의 일이다. '거리두기'가 보편화되지 않았던 2020년 1월경, 평소 내가 즐겨 찾던 A 식당은 한 테이블 건너 한 테이블만 예약을 받아 고객이 안심하고 식사할 수 있는 환경을 만들었다. 여기에 '3부 예약제'까지 실시해 오히려 매출이 늘어나는 효과를 거뒀다. 3부 예약제라고 해서 뭔가 거창한 시스템을 도입한 것이 아니다. 다만, 기존에 시간대 구별 없이 받았던 저녁 예약을 6시~7시 30분, 7시 30분~9시, 9시~10시 30분으로 나누어 받은 것뿐이었다. 하지만 이 구분으로 인해 고객들에겐 더욱 안전한 환경이 제공되었고, 기존보다 더 많은 예약 건수를 만들어낼 수 있었다. 테이블 수가 절반으로 줄었는데도 매출이 줄기는커녕 오히려 늘어나는 효과를 거둘 수 있었던 것이다.

비슷한 시기의 반대 사례도 있다. B 식당은 손님이 줄면서 적은 인원으로 효율적인 서빙을 하기 위해 직원 수를 줄이고 손님들을 한 공간으로 몰아서 앉게 했다. 그 결과 테이블에 앉은 손님들간의 간격 이 평소보다 더 좁아졌다. 눈앞의 운영 효율화에 급급하다 보니, 사용자 관점을 완전히 배제했던 것이다. 감염에 대한 불안감을 안고 식당을 찾은 고객들에게 이런 상황이 불편하지 않을 리 없다. 나 역시 이런 상황을 모른 채 이 식당을 찾았다가 당황했던 기억이 있다(안타깝지만 그 뒤로 그 식당은 다시 찾지 않게 되었다).

인지적 접근에서 강조하고 싶은 다른 한 가지는 '기억'이다. 기억에 남는다는 건 사용자 입장에서 그만큼 인상적이고 긍정적인 경험을 했다는 의미다. 이는 상대방이 전하고 싶은 가치와 메시지가 그만큼 잘 전달되었다는 뜻이기도 하다. 그런 측면에서 나는 도쿄에서 가장 좋은 호텔로 '아만호텔'을 꼽는다. 시설이나 교통편이 좋아서가 아니다. 고객들에게 '인상에 남는' 서비스를 제공하기 때문이다. 처음 이곳을 방문했을 때였다. 대개의 호텔이 그렇듯, 택시를 타고 호텔 정문에 도착하니 종업원이 내려와 문을 열어주었다. 그런데 차문을 열리면서 호텔 종업원이 이렇게 인사를 하는 것이었다. "조용민 님, 아만호텔에 오신 걸 환영합니다." 예약자 명단에 이름이 올라 있기는 했겠지만, 어떻게 얼굴까지 매칭해 이름을 불러줄까. 궁금증을 못 이기고 방법을 물으니 미소와 함께 이런 답변이 돌아왔다. "항상 최선을 다하고 있습니다."

놀랄 일은 그뿐만이 아니었다. 객실에 과일이나 간식을 준비해 줬는데, 마치 내 입맛과 취향을 미리 조사라도 한 듯 어느 것 하나 아쉬운 게 없었다. 더욱이 갑작스런 복통으로 약을 사기 위해 프런트에 문의를 하자, 약국 위치를 알려주는 데 그치지 않고 직원 한 분이 약국까지 직접 동행해 필요한 약을 구입할 수 있도록 옆에서 통역을 해주었다. 화려하고 값비싼 서비스는 아니었지만, 고객 한 사람에게 정성을 다하는 그들의 진심은 내 뇌리에 깊이 박혔다. 이런 서비스를 받고 기억하지 못할 사람이 있을까.

비즈니스 미팅에서 프레젠테이션을 할 때도 가장 중요한 것은 기억에 남도록 하는 것이다. 숙련된 아나운서처럼 매끄럽게 내용을 전달했더라도 인상적인 기억을 남기지 못했다면 그 프레젠테이션은 실패할 가능성이 크다. 내 경험에 미루어 보자면 조금 어설프고 말실수를 하더라도, 핵심을 확실하게 각인시키는 편이 훨씬 낫다. 기억에 남아야 '아, 이걸 한번 해볼까' 하는 생각이 들고, 그런 기대감이 실질적인 의사결정에 영향을 미치기 때문이다.

○●● 인간은 애초에 인지편향의 동물이다

인지적 접근에 있어서 가장 큰 장애는 어떤 현상을 판단하는 인간의 인지 방식이 생각보다 매우 협소하고 허술하다는 사실이다. 우리가 접하는 데이터의 범위가 방대해지면서, 잘못된 판단을 내리는 사례 역시 늘어나는 추세다. 가령 육아용품을 검색하는 사람은 모두 아이를 둔 기혼자일 것이라는 판단이 그렇다. 실제 조사에 따르면 육아용품을 검색하는 사람들 가운데 40퍼센트 이상이 미혼인 상태로 파악되었다.

철저하게 객관적 데이터만을 근거로 분석한 경우라고 해도, 인간의 불완전한 인지가 개입되어 오류를 일으키는 경우가 허다하다. 다음 그림에서 가운데 막대를 보자. 아마 오른쪽이 더 진하게 보일 것이다. 하지만 사실 막대의 색은 그러데이션 없이 일정하다. 막대 바깥 공간의 그러데이션 때문에 착시 현상을 일으킨 것뿐이다. 이처럼 우리의 인지 구조는 본질을 놓칠 수밖에 없는 한계를 안고 있다.

• 동일한 색상과 명도로 그려진 막대 •

이 같은 한계로 인해 몇몇 분야에서는 인공지능 로봇이 인간보다 월등히 정확한 판단을 내리기도 한다. 잘 알려진 예로, 구글의 인공지능 기술은 일반 안과의사보다 훨씬 더 정확하게 당뇨병성 망막증을 진단할 수 있다. 안과의사 8명의 평균 진단 정확도가 91퍼센트였던 반면, 머신러닝 인공지능으로 망막의 이미지를 분류해 진단했을 때는 정확도가 95퍼센트에 달했다. 그렇다고 해서 의사가 필요하지 않은 것은 아니다. 인공지능 역시 불완전한 면이 있기 때문에, 환자의 안전을 위해서는 전문의의 경험과 노하우가 반드시 필요하다. 그런데 이런 경험과 노하우에 인공지능의 도움이 더해졌을 때 질병 진단에 대한 정확도는 99퍼센트까지 올라갔다.

다만 우리에게 필요한 건 인간이 내리는 판단에는 불가피한 인지적 오류가 섞일 수 있다는 사실을 인정하는 일이다. 이와 관련해 2012년 이스라엘에서는 '판사들의 판결과 배고픔의 관계'를 분석한 논문이 발표되었다. 이 논문에 따르면 이스라엘 판사들이 아침식사 직후 배가 부른 상태에서는 가석방 신청의 35퍼센트를 기각한 반면, 점심시간 직전 배가 고플 때는 무려 85퍼센트를 기각했다고 한다.

또한 구조적 한계 때문만이 아니라 전문지식이 부족하거나 시간이 촉박할 때도 정확한 판결을 내리기 어려운데, 이때 인공지능은 방대한 자료들을 빠르게 정리하고 분석한다. 이를 두고 논문 저자들은 이런 설명을 덧붙였다. "인공지능이 정의를 구현하는 비용을 극적으로 낮추고 있다."

그렇다면 인공지능은 어떻게 인간을 대신해서 이런 일들을 할 수 있게 되었을까? 핵심은 '딥러닝deep learning'에 있다. 머신러닝의 하위 개념인 딥러닝은 간단히 말해 수많은 데이터를 통해 반복학습을 하는 것이다. 가령 이세돌 사범님과 대국을 벌인 알파고의 경우, 기보棋譜를 공부한 것이 아니라 여러 가지 형태의 대국을 수만 번 반복하는 방식으로 공부했다. 알파고가 이세돌 사범님을 이길 수 있었던 것은 그만큼 수많은 대국을 해보고 그 데이터에서 이기는 패턴을 분석해냈기 때문이다.

뿐만 아니라 기상 예측을 하는 인공지능 시스템도 딥러닝을 기반으로 한다. 비가 오기 전날 일정한 시각의 하늘 사진을 데이터로 축적한 뒤 이 데이터의 패턴을 분류해서 '내일 비가 올지 안 올지'를 예측하는 것이다. 이 경우 데이터, 즉 하늘 사진의 양이 많을수록 정확도가 올라간다. 구글과 아마존 같은 기업이 인공지능 분야에서 앞서갈 수 있는 이유는 상대적으로 많은 데이터를 확보하고 있기 때문이다.

'트렌드 새비'할수록, 혹은 사용자에 대한 데이터를 광범위하게 확보할수록 좀 더 정확한 인지적·인체공학적 접근을 꾀할 수 있다. 하지만 여기에서 한 걸음 더 나아가 확보한 데이터를 분류해 패턴을 파악할 수 있어야 한다. 내가 가진 데이터가 어떻게 분류되며 그것이 의미하는 바가 무엇인지를 파악할 수 있어야만, 문제해결에 연결시킬 수 있기 때문이다.

인공지능은 의료, 법률 분야 외에 비즈니스, 예술, 금융 등 여러 분야에서 우리가 놓치고 있던 무언가를 찾아낼 수 있는 도구로서 충분한 활용 가치가 있다. 다시 말해 인공지능이 더 잘할 수 있는 것은 인공지능에 맡기고, 우리는 정확하고 올바른 '관점'으로 데이터를 읽어내고 활용할 수 있는 역량을 키워야 한다.

6

자기 안에 갇히지 않아야
기회가 보인다

○ ● ● **꼰대는 더 이상 배울 수 없다?**

어린 시절에 본 영화 〈인디아나 존스Indiana Jones〉 시리즈
에서 아직도 뇌리에 남아 있는 장면이 있다. 주인공을 맡은 해리
슨 포드Harrison Ford가 시장 한복판에서 칼을 휘두르며 위협을 가
하는 검은 옷의 사내를 귀찮다는 듯 총 한 방으로 쓰러뜨리는
장면이다. 영화를 보던 관객들은 총이라는 신문물에 허무하게
쓰러지는 남자를 보고 웃음을 터트린다. 그런데 우리는 이와 같
이 기술 발전으로 기존의 도구가 한순간에 무용지물로 전락하
는 상황을 일상에서 종종 목격한다.

물론 오랜 시간을 거쳐 축적된 경험은 무엇과도 바꿀 수 없는 소중한 자산이다. 그러나 연륜에만 의존하다 보면 더 큰 성장을 도모할 수 없게 된다. 진정한 성장을 이루려면 새로운 기술에 대한 학습과 적용이 매우 중요하다. 특히 자기 분야에서 어느 정도 성공한 사람이라면, 부지불식간에 "라떼는 말이야!"를 외치며 과거의 성공 공식에 얽매이기 쉽다. 하지만 어제는 유효했던 도구가 오늘도 통하리라 기대하는 한, 달라진 세상에 발맞춰 나아가는 건 거의 불가능에 가깝다. 우리가 사는 현재는 패션쇼에서 모델 대신 핸드백을 든 드론이 등장하는 세상이니 말이다.

국제 패션 축제인 밀라노 패션위크는 매해 두 차례 열리는 세계 패션업계의 중요 행사다. 그런데 2018년 밀라노 패션위크의 시작은 그동안 우리가 익숙하게 보아왔던 일반적인 퍼레이드가 아니었다. 패션쇼의 시작을 알린 돌체앤가바나 쇼케이스에서 핸드백을 든 8대의 드론이 등장한 것이다. 그동안 사람이 독점해오던 런웨이를 모델을 대신한 드론이 줄지어 날았다. 밀라노 최초로 드론 모델이 탄생한 순간이었다. 기존의 틀을 깬 혁신적인 무대에 사람들은 환호했고, 돌체앤가바나는 미래 패션쇼의 청사진이 될 만한 새로운 양식의 포문을 열게 되었다. 또한 과감한 아이디어를 실행에 옮기는 이런 노력에 힘입어 당해 2분기 패션 브랜드 인지도 순위에서 3단계 올라 5위를 차지했다.

과거 경험에 대입해 오늘을 사는 패션업계 종사자라면, 드론 패션쇼를 상상조차 못할 것이다. 톱모델 없는 패션쇼는 본인의 성공 공식에 존재하지 않을 테니 말이다. 관중 없이 온라인으로 진행하는 패션쇼라면 어떨까? 누군가는 그게 무슨 패션쇼냐고 반문할지 모르지만 이미 2020년에 파리, 밀라노, 상하이 등 세계 각국의 패션위크가 디지털 런웨이를 선보였고, 헬싱키 패션위크는 3D 디지털 패션쇼를 연출하기도 했다.

구글에서는 분기마다 토크쇼 'Talks at Google'을 진행하고 있다. 이 토크쇼가 구글러들에게 트렌드 새비할 수 있는 좋은 기회가 된다고 생각한 나는 프로그램 진행에 많은 의견을 제시하는 한편, 정성을 다해 게스트를 섭외해왔다. 얼마 전에는 《90년생이 온다》를 쓴 임홍택 작가를 모시고 토크쇼•를 진행했다. 세대 간의 소통, 새로운 시대의 적응법 등 여러 주제를 두고 이야기를 나누던 차에 공통된 의견 하나가 나왔다. 성공이 켜켜이 쌓일수록 소위 '꼰대'가 되는 사람이 많다는 것. 어떤 의사결정이든 과거의 성공 경험에 기반하다 보니, 본인도 모르게 자신의 생각을 강요하거나 사사건건 가르치려 들게 된다는 것이다.

● 임홍택 작가와 함께한 'Talks at Google.'
https://www.youtube.com/watch?v=__pwiF6962M

뇌과학에 따르면 인간의 뇌는 다른 신체 부위와 마찬가지로 시간이 지날수록 노화 현상이 나타난다고 한다. 쉬운 말로 뇌가 작아지는 것이다. 이때 제일 먼저 나타나는 현상이 '변화'를 거부 하는 것이다. 작아진 뇌로 변화를 받아들이기엔 에너지 소모가 너무 크기 때문이다.

그렇다면 어떻게 해야 할까. 토크쇼를 통해 나온 해결책 하나 는 '시간 감각'을 갖추는 것이다. 시간 감각을 갖고 세상을 바라 보면 과거에 얽매이지 않고 현재를 살 수 있게 된다. 어떤 판단을 내리든 그 기준이 '현재'가 되니, 2021년 현재의 성공방정식이 과 거 2016년의 성공방정식과 다르다는 것을 스스로 인식할 수 있 게 되는 것이다. 물론 어떤 경우 과거의 성공방정식이 현재에도 유효할 수 있다. 하지만 그런 경우에도 왜 그런지 이유를 알아야 한다. 주변의 다른 요인이 변수로 작용하진 않았는지 세밀하게 분석해야 한다는 뜻이다. 정확한 요인을 분석하지 않은 채 '거봐, 내 말이 맞지?' 하는 안일한 자세를 취하는 순간, 곧바로 꼰대가 되고 트렌드 새비와는 멀어지고 만다.

프랑스 철학자 질 들뢰즈Gilles Deleuze는 이렇게 말했다. "우리는 '나처럼 해봐'라고 말하는 사람 곁에서는 아무것도 배울 수 없 다. 하지만 '나와 함께 해보자'라고 말하는 사람은 우리의 스승 이 될 수 있다." 나는 여기에 한마디 덧붙이고 싶다. "'라떼는 말이야'를 외치는 사람은 스스로 배울 수 없을 뿐만 아니라, 다른 사람에게 영향을 미치는 사람도 될 수 없다."

○ ● ● 리더일수록 발언점유율을 낮춰라

나는 '트렌드 새비'하기 위해 가장 중요한 덕목 중 하나가 '경청'이라고 생각한다. 경청은 그냥 듣는 것이 아니라 '겸손한 태도로 상대의 말에 귀를 기울이는 것'이다. 겸손한 태도를 한마디로 정의하면 '오픈 마인드'라 할 수 있는데, 이는 상대가 탁월하다는 것을 인정하는 태도, 누구에게라도 배울 수 있다는 태도가 있어야만 유지할 수 있다. 이렇듯 열린 태도를 유지하려면 과거의 성공방정식에 묶여 있어선 안 된다.

경청에 대해 얘기할 때마다 생각나는 분이 있다. 어느 기업의 회장직을 맡고 계신 이분은 그 분야에서 일가를 이룬 성공 경험이 있는데도 늘 발언점유율을 낮추고 상대에게 더 많은 것을 배우려고 노력하신다. 회장님의 요청으로 직접 찾아뵐 때도 있는데, 그럴 때마다 회장님은 늘 자리에서 일어나 반갑게 맞아주시고, 이야기를 나눈 뒤에는 고맙다는 인사도 잊지 않으신다. 가끔 너무 황송하다는 생각이 들 때도 있다. 한번은 "회장님께 많은 걸 배웁니다. 저도 회장님처럼 항상 경청하는 태도를 견지하고 싶습니다"라고 말씀드린 적도 있다.

대화 상대가 누구든 간에 회장님의 경청하는 태도는 변함없이 유지되는데, 이런 까닭으로 이분과 대화를 나누는 사람은 하나라도 더 많은 정보와 의견을 전하게 된다. 덕분에 이분은 동 세대 사람들에 비해 새로운 문화 흐름이나 기술에 대한 정보를 훨씬 많이 알고 계시고, 이를 기업 경영에 적용하려는 시도도 많이 하신다.

딜로이트Deloitte의 전 CEO 짐 퀴글리Jim Quigley는 이런 말을 했다. "우리는 말하는 동안에는 배울 수 없다." 내 경험으로 보면 우리가 겪는 상당수의 문제는 사실 듣기만 잘해도 해결할 수 있는 문제인 경우가 많다. 내가 구글에서 배운 것 중 하나 역시 '리더들이 해야 할 일은 의사결정을 하기에 앞서 먼저 경청하는 것'이라는 점이다. 동료나 선후배와의 의견 조율 없이 단독으로 내린 판단에는 개인의 편향이 섞일 수밖에 없고, 그렇게 내려진 판단은 결코 좋은 의사결정으로 이어지지 않는다. 이것이 내가 팀원분들과 하는 회의나 토론에서 발언점유율을 10퍼센트 이상 갖지 않으려고 노력하는 이유다.

그런데 이는 하루아침에 이루어지는 일이 아니다. 함께 일하는 사람들과 평소에도 거리감 없이 소통하지 않으면 경청하는 습관이 생기지 않는다. 직장생활을 하다 보면 자신도 모르게 서열 의식을 갖게 되어, 상사의 말은 잘 들으면서 후배가 하는 말을 무시하는 경향이 생길 수 있다. 이를 경계하려면 애초에 '후배'라는 단어를 머릿속에서 지워버리고, 그 자리에 '동료'라는 개념을 각인해놓아야 한다. 내가 이 책에서조차 '팀원분'들이라는 표현을 고집하는 것도 이런 이유에서다.

트렌드 새비하기 위해서는 최대한 많은 데이터를 확보하는 것과 더불어 이를 다양한 관점에서 바라보는 것도 중요하다. 다양한 데이터를 다각도에서 바라보기 위해서는, 확보한 데이터만큼이나 다양한 사람을 만나야 한다. 물론 책을 비롯한 학습매체를 통해서도 가능하겠지만, 개인적으로 나는 가장 훌륭한 인사이트는 사람에게서 얻을 수 있다고 생각한다. 물론 태생적으로 사람을 만나는 것 자체가 불편한 사람도 있을 것이다. 하지만 끊임없이 배우고 싶고 성장하고 싶은 욕구가 있다면 그런 불편함도 감수할 수 있지 않을까? 그렇다고 모두가 외향적인 사람이 되어야 한다는 건 아니다. 타고난 기질 안에서 시도할 수 있는 것들이 많다. 가령 '저 사람이 나를 상대해줄까?' 싶을 만큼 유명 인사라 해도 내가 그에게 배우고 싶은 것이 있다면 이메일을 보내보는 것이다. 상대에게 잘 보여 인정받겠다는 욕심만 없다면 진정성을 담아 담백하게 이메일을 쓸 수 있을 것이다. 무엇보다, 불편하더라도 일단 부딪혀보겠다는 자세가 중요하다.

경청을 잘하려면 설혹 상대가 잘못된 정보를 말하는 것 같더라도 일단은 끝까지 들어보는 자세가 필요하다. 비록 틀린 정보일지라도 그 속에서 사람들의 사고방식을 이해할 수 있고 중요한 인사이트를 얻을 수 있기 때문이다. 그런 의미에서 세상에는 '틀린 정보'는 있을지언정 '필요 없는 정보'는 없다.

맛있는 음식을 만들 때 가장 필요한 건 좋은 재료다. 값비싸고 신선한 재료가 있으면 웬만큼은 맛있는 요리를 만들 수 있다. 하지만 정말 훌륭한 요리사는 별것 아닌 재료를 가지고도 기대 이상의 탁월한 요리를 만들어낸다. 전혀 다른 관점에서 재료의 숨은 가치를 찾아내는 혜안이 있는 것이다. 같은 맥락에서, 조직의 리더들에게도 정보의 숨은 가치를 알아보는 안목이 매우 중요하다. 이때의 '안목'이란 잘못된 정보에서조차 인사이트를 찾아내 활용하는 능력을 말한다.

구글에서는 산업 분류에도 인공지능을 이용하는데, 아직 완성 단계가 아닌지라 부정확한 분류 체계가 나오기도 한다. 그런데 얼마 전 한 팀원분이 인공지능이 분석한 데이터를 기반으로 특정 산업에서 협업이 얼마나 이루어지고 있는지에 대해 발표했다. 발표가 끝난 뒤 해당 데이터에 대한 신뢰성이 지적되었는데,

데이터가 정확하지 않다면 이를 기반으로 도출한 인사이트도 부정확할 수 있다는 의견이었다. 틀린 지적이 아니었다. 그런데 자리에 있던 신정인 상무님이 이렇게 말씀하셨다. "데이터가 정확하지 않을 수 있지만 그런 분석을 시도한 것 자체가 의미가 있고, 그 안에서 충분한 인사이트를 얻을 수 있습니다. 향후에도 이러한 툴과 분석을 잘 활용했으면 좋겠어요."

사실 발표 전에 이미 나는 신 상무님과 함께 해당 데이터의 부정확성에 대해 따로 의견을 나눴다. 그분은 정확하지 않은 데이터를 통해서도 배울 점이 있다고 판단했고 무엇보다 새로운 시도를 발표하는 것이 팀 전체의 활력에 도움이 된다고 결론 내렸던 것이다.

만일 데이터가 정확하지 않다는 이유로 발표를 하지 못하게 했거나 발표 후에 책망을 했더라면, 발표자를 비롯한 팀원분들 모두가 '앞으로는 정확한 것 아니면 이야기해선 안 되겠구나'라는 생각을 했을 것이고, 결과적으로 팀 전체가 '트렌드 새비'할 기회를 잃어버리게 되었을 것이다.

비록 완전하지 않은 정보라 하더라도 그 정보를 어떻게 활용하느냐에 따라서 충분히 공부가 될 수 있고 문제해결에도 도움을 받을 수 있다. 어떤 정보를 어떤 측면에서 활용하느냐에 따라, 정확도보다 더 중요한 점이 있을 수 있다는 걸 잊어선 안 된다.

○●● 자신의 일에 오너십을 가져라

얼마 전에 모 대기업에 다니는 지인에게 메일을 받았다. 메일에는 자신의 창의력이 회사에서 수용되지 않는다, 아무리 훌륭한 아이디어를 내놓아도 관철이 안 된다는 하소연이 담겨 있었다. 그러면서 자신은 이런 권위적인 문화와 맞지 않기 때문에 이직하고 싶다는 의사를 밝혔다. 사실 나는 이직 자체를 반대하진 않는다. 이는 어디까지나 개인의 자유 의사에 달린 일이기 때문이다. 하지만 반드시 고려해야 할 점이 있다. 이직을 하려는 정확한 이유, 즉 트리거trigger가 무엇인가 하는 점이다.

자신의 아이디어를 관철시키지 못하는 이유가 정말로 회사의 권위적인 문화 때문인가를 생각할 때, 나는 그렇지 않을 수도 있다고 생각한다. 자신에게 주어진 자원을 '제대로' 활용하지 못했을 수도 있고, 어떻게든 아이디어를 실현시키겠다는 '오너십'이 부족했을 수도 있다. 자신의 아이디어가 소중하다면 그 아이디어를 관철시키기 위한 방법에도 본인의 창의력을 충분히 활용해야 한다. 그렇지 않으면 그 어떤 회사로 이직해도 여전히 자신의 아이디어를 관철시키거나 현실화하지 못할 것이다.

평일 저녁 일곱 시 즈음 퇴근한 회사원들이 모여드는 광화문, 여의도, 역삼동의 치맥집에 가 보면 스티브 잡스가 한 명씩 꼭 있다. "이렇게 하면 정말 좋을 텐데"하며 회사에서 미처 말하지 못한 아이디어를 술자리를 빌려 털어놓는 것이다. 그러면 또 옆에서 "그거 정말 대박인데요. 직접 회사를 차리세요"라며 부추기는 후배가 있다. 하지만 그렇게 좋은 아이디어를 가진 사람을 10개월 후에 다시 보면, 같은 치맥집에서 같은 사람들과 같은 이야기를 되풀이하고 있다.

나는 진짜 천재는 자기주장을 관철시키는 데에도 자신의 천재성을 발휘하는 사람이라고 생각한다. 스티브 잡스가 천재적인 사업가가 될 수 있었던 진짜 이유는 자신의 아이디어를 관철시키는 데에도 집요하리만치 강한 열정을 기울였기 때문이다. 그는 완벽한 프레젠테이션을 위해 회의장의 붉은색 비상구 표시등마저 가려버렸다. 청중들이 무대 위의 자신에게 집중하도록 하는 데에 전력을 다한 것이다. 안전상에 문제가 될 수도 있었지만, 그마저 감수할 만큼 그는 자신의 아이디어를 완벽하게 세상에 내놓고 싶어 했다.

요즘 소비자들은 매우 예민하다. 우리에게 투자하는 사람들, 우리의 아이디어를 구입해주는 파트너들 역시 까다롭고 권위적이다. 회사의 권위적인 문화 때문에 자신의 아이디어를 실현하기 어렵다는 생각은 버려야 한다. 오히려 그런 환경에서도 어떻게 하면 자신의 아이디어를 관철시키고 실현할 수 있을지를 고민해야 한다. 사용자 관점에서 고민하고 인지적 방법론으로 접근해야 하는 것이다. 한 번쯤 자문해보자. '과연 나는 나의 일에 대해 얼마만큼 강력한 오너십을 갖고 있는가.' 필요한 건 뛰어난 아이디어뿐만이 아니다. 나의 일에 주인의식을 갖고 끝까지 집요하게 밀고 나가는 열정도 갖춰야 한다.

○●● 자신만의 방법론을 찾아라

중요한 정보를 놓치지 않으려면 무엇보다 재료를 모으는 습관이 몸에 배어 있어야 한다. 하지만 구체적인 방법론에서는 정해진 원칙이 없다. 목적을 세운 뒤 재료를 모을 수도 있고, 재료부터 모은 다음 어떻게 활용할지 고민할 수도 있다. 정보를 모으는 채널은 무척 다양하다. 유튜브를 볼 수도 있고, 책을 읽을 수도 있으며, 영화를 관람할 수도 있고, 게임이나 웹툰과 같은 엔터테인먼트를 즐길 수도 있다. 여기에 더 보태, 운동이나 여행도 정보를 모으는 채널이 될 수 있다. 관건은 채널 자체가 아니다. 필요한 정보가 무엇이냐에 따라 그 정보를 취득하는 최적화된 방법은 얼마든지 달라지기 때문이다.

이는 어떤 음식을 어디에 가서 먹을 것인가 하는 문제에 견주어 볼 수도 있다. 어느 때는 분위기 좋은 고급 레스토랑에서 맛을 음미하며 시간을 보내고 싶을 것이다. 그럴 땐 대형서점에서 천천히 좋은 책을 골라서 보는 것도 방법이다. 반대로 촉박한 시간에 간단하게 끼니를 해결하기 위해 패스트푸드점이나 분식집에 가야 할 때도 있다. 그럴 때는 서점에 가기보다 깔끔하게 요점 정리가 된 유튜브 동영상을 시청하는 것이 더 효율적이다. 요즘은 디지털 플랫폼이 워낙 많기도 하거니와 기능과 서비스도 무척 다양하다. 정보를 접하고 모을 수 있는 채널과 방법론도 그만큼 다양하다는 뜻이다. 책이 좋은가, 유튜브가 좋은가 하는 건 핵심이 아니다. 어떤 정보가 왜 필요한지에 따라서 다양한 방법으로 접근하는 자세를 갖춰야 한다.

중요한 건 정답이 아니라 내게 맞는 답을 찾아야 한다는 점이다. 어떤 사람은 텍스트를 싫어할 수 있고, 또 어떤 사람은 영상 보는 것에 피로를 느낄 수 있다. 자신에게 맞지 않는 방법으로는 아무리 노력해도 좋은 정보를 찾아 성과를 낼 수가 없다. 따라서 '자기만의 방법론'을 찾는 것이 중요하다. 똑같은 정보라도 어떤 사람은 책을 통해 볼 때 상상력이 더 풍부해진다. 또 어떤 사람은 영화를 보며 감수성을 키우고 이를 바탕으로 콘텐츠를 확장해갈 수 있다. 같은 책을 보더라도 사람마다 독서법이 다르다. 가령 한 권이라도 제대로 정독하는 것을 선호하는 사람이 있는 반면, 중요한 부분만 표시해 읽으며 다독하는 사람도 있다. 시간 날 때마다 틈틈이 독서하는 사람도 있지만, 아예 날을 잡고 집중적으로 책을 읽는 사람도 있다.

그렇다면 나에게 맞는 방법론은 어떻게 찾아야 할까? 먼저 자기 자신에 대한 인체공학적 이해가 필요하다. '나는 이럴 때 더 집중을 잘하는구나', '나는 이런 방식으로 정리해야 일을 더 효율적으로 할 수 있구나' 하는 것들이 인체공학적인 접근이다. 내 경우를 들여다보자면 나는 평상시에 주로 서서 일하다가 정말 중요하고 바쁜 일이 있을 때는 앉아서 일한다. 동료들도 그걸 알기 때문에 내가 앉아서 일할 때는 최대한 방해를 하지 않는다. 주변의 수많은 정보를 활용해 여러 방법을 직접 체험해보는 것도 필요하다. 가령 유튜브에 '독서법'을 검색하면 수천 개의 콘텐츠가 검색되는데, 그중에서 마음이 가는 방법을 몇 가지 시도해보는 거다. 그렇게 직접 부딪혀 체험해보면 자신에게 가장 잘 맞는 독서법을 찾아낼 수 있다. 사실 나는 무언가를 배울 때 가장 효과적인 방법은 '사람'을 통해 배우는 것이라고 생각한다. 아무리 똑똑한 사람도 세상의 모든 지식을 알 수는 없다. 대부분 사람이 두서너 개의 자기 분야에서만 똑똑하다. 따라서 우리는 다양한 분야의 사람들과 교류하며 그들의 지식과 가치관 등을 직접 배울 필요가 있다. 이에 대해선 Part 5에서 사세히 이야기해보겠다.

Deep Thinking

Part 3

다양한 관점에서
집요하게 솔루션을 찾아라

제대로 된 이유 찾기, 정확한 위치에 피벗 꽂기,
사용자 친화적 관점에서 접근하기.
이 세 가지 방법론을 익힌다면 문제의 근원을
정확하게 꿰뚫어보게 될 것이다.

7

문제의 근원을
정확하게 꿰뚫어보는 법

○ ● ● **코브라 이펙트와 WHY 질문**

'코브라 이펙트The Cobra Effect'라는 말이 있다. 문제를 해결하기 위해 시행한 정책들이 오히려 사태를 악화하거나 예기치 않은 역효과를 초래하는 것을 뜻하는 말로, 코브라 역설The Cobra paradox이라고도 한다. 19세기 영국이 인도를 지배할 당시 코브라로 인한 인명 피해를 줄이고자 코브라를 포획하면 보상금을 지급하기로 했다. 처음엔 이 정책이 효과를 보이는 듯했으나, 시간이 지난 후 인도인 중 상당수가 보상금을 노리고 집에서 직접 코브라를 사육해 개체 수가 급증하는 일이 발생했다. 결국 보상금

제도는 폐지되었고, 쓸모없어진 코브라를 야산에 내다 버리는 바람에 다시금 인명 피해가 늘어났다.

독일의 경제학자 호르스트 시버트Horst Siebert는 2002년 출간한 《코브라 이펙트Der Kobra-Effekt》에서 코브라 이펙트라는 용어를 처음 선보였는데, 그는 이런 현상이 현대 경제정책에도 일어난다고 지적했다. 한 차원 더 깊은 고민 없이 단기 성과를 내려다 보니 중구난방식 실속 없는 대책들이 나타나는 상황을 말한 것이다. 문제를 제대로 해결하기 위해서는 근본적인 이유부터 면밀하게 살펴보고, 역효과 가능성까지 염두에 둔 채 다양한 관점에서 생각해 그 실효성을 따져봐야 한다. 일차원적인 미봉책으로는 문제를 해결할 수 없다.

코브라 이펙트라고 할 만한 현상들은 오늘날 조직관리를 위한 전술에서도 종종 드러난다. 대표적인 예가 성과관리 도구인 KPIKey Performance Indicator(핵심성과지표)다. KPI는 굉장히 효율적인 조직관리 도구지만, 잘못 설정되거나 활용되면 직원들에게 스트레스만 가중하고 정작 기업이 목표로 하는 성과는 달성하지 못하는 결과를 낳을 수 있다. 이러한 부작용을 막으려면 KPI를 설정하고 액션플랜을 짤 때 '이 일을 왜 하는가', 즉 '이 일은 어떤 문제를 해결하기 위한 것인가'라는 질문을 놓쳐서는 안 된다. 이러한 질문을 나는 'WHY 질문'이라고 표현한다. 이 WHY가 올바르게 되어야 그다음에 무엇을wHAT 어떻게HOW 해야 할지에 대한 올바른 답을 얻을 수 있다.

내가 하는 중요한 업무 중 하나가 바로 채용 인터뷰다. 구글 역시 다른 기업과 마찬가지로 인재를 가장 소중한 자원이라고 생각하고, 매니저에게 인터뷰를 잘할 수 있는 역량을 갖추도록 요구한다. 나는 채용 인터뷰를 할 때 '최고의 인재'가 아니라 '가장 적합한 사람'이 누구인지 파악하는 데 노력을 기울인다. 여기에서 적합한 사람이란 '주어진 일을 제대로 해서 정확하게 목표로 하는 성과를 낼 수 있는 사람'을 말한다. 그런 사람을 찾아내려면 인터뷰를 진행하는 나부터가 먼저 '해야 하는 일의 성격이 어떠한지', '그 일을 잘하기 위해 어떤 역량이 필요한지'를 정확하게 알고 있어야 한다. 이 두 가지 질문을 제대로 던져야 상대가 가진 역량을 제대로 파악해 '적합한' 사람인지 아닌지를 판단할 수 있다.

하지만 이렇게 말하는 나도 가끔 이 WHY를 놓치고 WHAT만 볼 때가 있다. 이 사람이 전 직장에서 어떤 일을 하고 어떤 성과를 냈는지를 먼저 보는 것이다. 이런 점에서 나는 상사이자 멘토인 구글 신정인 상무님에게 많은 것을 배우고 있다. 간과한 부분을 지적하는 대신 다른 관점을 제시하는 방식으로 도움을 주시는데, 한번은 인터뷰를 진행하는 내게 이런 말씀을 해주셨다.

"저 사람의 잠재력이 충분히 발휘되지 못했던 이유는 자신의 역량을 발휘하기 어려운 조직에서 일했기 때문일 수 있습니다. '자리가 사람을 만든다'라는 이야기도 있잖아요. 우리는 저 사람이 잠재력을 최대한 발휘할 수 있는 환경을 갖춘 조직이라고 생각합니다. 그러니 전 직장에서의 'WHAT'만 보지 말고 저 사람이 어떻게 일을 했는지 'WHY'와 'HOW'를 보세요."

애플의 혁신가였던 스티브 잡스는 탁월한 설득력을 지닌 프렌젠터이기도 했다. 그의 프레젠테이션을 본 많은 사람이 그에게 매료되고 설득되어 애플의 마니아가 되었다. 스티브 잡스의 프레젠테이션이 남달랐던 것은 언제나 WHY에서 출발했다는 데에 있다. 그는 '무엇을 만들었는지', '어떻게 만들었는지'에서 시작하지 않았다. 언제나 '왜 이 제품을 만들었는가'에서 시작했다. 그는 WHAT과 HOW는 애플이 만든 제품을 보여주면 되므로 가장 중요한 것은 WHY라고 생각했다. '왜 이 제품을 만들었는지'가 바로 사람들이 그 제품을 사는 이유가 된다고 믿었기 때문이다.

우리가 정책을 수립할 때 WHY 질문은 목표를 향해 올바로 나아가기 위한 나침반이 되어준다. 우리가 업무를 수행할 때 WHY 질문은 '이 문제를 왜 해결해야 하는지' 정확하게 알고 잊지 않게 해준다. 우리가 새로운 사람을 만났을 때 WHY 질문은 겉으로 드러난 이력이나 조건에 함몰되지 않고 진정한 힘과 역량을 확인할 수 있게 해준다. 우리가 제품을 만들 때 WHY 질문은 고객에게 전해져야 할 핵심가치를 더욱 명료하게 만들어준다. 사실상 우리가 일하고 성장하며 살아가는 모든 순간에 WHY 질문이 우선돼야 하는 것이다.

○ ● ● **제대로 된 이유를 찾아라** Find Right Why

아프리카의 심각한 물 부족 현상은 어제오늘 일이 아니다. 특히 각종 질병과 기근으로 소중한 생명을 잃고 있는 아프리카 아이들을 구하기 위해 가장 시급한 것은 바로 깨끗한 물이다. 이런 필요에 따라 개발된 기구가 있는데, 바로 '플레이 펌프Play Pump'라는 놀이기구다. 사진에서 보듯 플레이 펌프는 물 펌프가 결합된 회전 놀이기구로, 아이들이 기구를 돌리면서 놀 때마다 지하수를 끌어올릴 수 있도록 고안된 장치다. 그런데 시간이 지날수록 문제점이 드러나기 시작했다.

가장 큰 문제는 플레이 펌프를 돌리는 데 생각보다 힘이 많이 든다는 점이었다. 이전에 사용하던 핸드 펌프에 비해 비효율적인 것도 문제였다. 핸드 펌프가 20리터의 물을 끌어올리는 데 28초가 걸리는 반면, 플레이 펌프는 약 6배에 달하는 3분 7초가 소요되었다. 마을 주민들이 하루 동안 사용할 수 있는 물을 얻으려면 24시간 쉬지 않고 펌프를 돌려야 했는데, 이로 인해 아이들은 잠도 못 자고 학교도 못 간 채 플레이 펌프에 매달려 있어야 했다. 나중에는 성인 여성들이 강제 동원되는 웃지 못할 사태까지 이르고 말았다. '갈증으로 고통받는 아프리카 주민들에게 웃음과 물을 동시에 주자'는 취지는 좋았지만, 결국 이 사업은 '인권 유린'이라는 심각한 부작용만 낳고 실패로 끝나버렸다.

왜 이런 일이 발생한 걸까? 답은 간단하다. WHY 질문을 제대로 던지지 못했기 때문이다. 드러나는 현상만 파악했을 뿐 문제의 근원적인 이유를 제대로 파악하지 못한 것이다. 아프리카의 물 부족 현상의 근본적인 문제는 물이 없는 것이 아니라 '사람이 마실 수 있는 깨끗한 물'이 없다는 것이다. 즉 지하수를 끌어올리지 않아도 물을 깨끗하게 정수할 수 있으면 충분하다. 그 뒤 플레이 펌프를 돌리느라 고통받았던 주민들을 위해 새롭게 지급된 것이 휴대용 정수 빨대인 '라이프 스트로우Life Straw'다. 글로벌 사회적 기업인 베스터가드 프랑센Vestergaard Frandsen이 개발한 라이프 스트로우는 휴대가 간편하고 필터를 교환하지 않아도 될 뿐만 아니라 오염된 물에 사는 미생물과 기생충을 대부분 걸러낼 수 있다. 여기서 우리는 문제를 해결하기 위해서는 WHY 질문을

• (위) 플레이 펌프 (아래) 라이프 스트로우 •

통해 제대로 된 이유를 찾는 것이 얼마나 중요한지 알 수 있다. 문제가 발생한 이유를 정확하게 찾아야 문제해결도 올바르게 할 수 있다는 얘기다.

사실 우리는 어떤 문제에 대해 잘못 알고 있거나 대충 알고는 전부를 파악하고 있다고 착각하는 경우가 많다. 더욱이 생각보다 많은 경우에 편견이나 선입견을 적용해 판단하고, 때로는 불안감과 두려움 때문에 성급한 결론을 내린다. 아무도 이 세상의 모든 정보와 지식을 알 수 없다. 인간의 인지 능력에는 분명히 한계가 있고, 이러한 점을 인정하는 겸손한 자세가 필요하다. 특히 우리가 자주 범하는 오류 중 하나는 상관관계에 있는 요소들을 인과관계로 묶어버려서 진짜 원인을 놓쳐버리는 것이다.

가령 아이가 중학교에 들어가면서 게임하는 시간이 부쩍 늘었고 학교 성적도 떨어지면, 부모들은 이 둘을 인과관계로 묶어버리는 경향이 있다. 게임하느라 공부를 하지 않아서 성적이 떨어졌다고 생각하는 것이다. 하지만 게임과 학교 성적은 상관관계에 있을 가능성이 있을 뿐 명확한 인과관계가 있는 것은 아니다. 아이가 성적이 떨어진 근원적인 이유는 초등학교에서 중학교로 올라가며 갑자기 어려운 개념이 많이 등장하는 바람에 공부에 대한 흥미를 잃었기 때문일 수도 있다. 공부에 대한 흥미를 잃은 바람에 게임을 하는 시간도 늘어난 것이다. 이런 상황에서라면 게임을 금지시킨다고 한들 성적이 오를 리 만무하다.

어떤 종류의 문제이든 그 문제를 제대로 해결하려면 먼저 WHY 질문을 던져 정확한 이유를 찾아내야 한다. 겉으로 드러난 현상만 훑어보고 문제의 근원적인 이유를 파악할 수는 없다. 몇 번이고 의심하고 다시 생각하면서 집요하게 문제를 파고드는 사고력과 인내심이 필요하다. 그래야 수많은 정보와 데이터에서 핵심적인 인사이트를 도출해내고 이를 정확하게 해결책으로 연결할 수 있다.

○●● 정확한 기준에 피벗하라 Master the Pivot

피벗Pivot은 회전하는 물체의 균형을 잡아주는 '중심축'을 말한다. 로봇 관절처럼 자유자재로 회전이 되어야 하는 기계 장비에는 반드시 피벗이 필요하다. 대표적인 예로 피벗 기능을 탑재한 TV가 출시된 적이 있다. 대형 스탠드에 TV 스크린이 붙어 있는 일체형인데, 여기에 피벗 기능을 넣어 스크린을 세로로 회전시킬 수 있는 TV 모델이었다. 농구 용어인 '피벗 플레이Pivot Play'도 비슷한 맥락에서 쓰인다. 한쪽 발로 단단히 중심을 잡은 채 몸을 틀어 상대 선수를 제치거나 패스할 곳을 찾는 것이다.

역대 최고 NBA 선수로 평가받는 코비 브라이언트Kobe Bryant는 특히 피벗 플레이에 탁월했다.

비즈니스 회의에서도 '피벗'이라는 개념이 자주 등장하는데, 주로 '중심축을 잡고 여러 관점으로 돌려보는 것'이라는 의미로 쓰인다. 핵심은 '중심축을 잡고'에 있다. 중심축을 잡지 못한 상태라면 다양한 관점을 적용하는 것이 큰 의미가 없기 때문이다. 어떤 문제를 해결하기 위해 여러 가지 관점에서 고민할 때 피벗은 고민의 방향이 엉뚱한 곳으로 향하지 않도록 잡아준다. 피벗을 하지 않거나 잘못했을 때 종종 엉뚱한 해결책이나 뜬구름 잡는 전략이 도출되곤 한다. 'WHY'에 대한 질문을 명확히 한다는 건 사실 피벗을 정확한 위치에 놓는다는 의미기도 하다.

독일 쾰른경제연구원이 자율주행차 기술 개발을 선도하는 기업을 파악하기 위해 2010년 1월부터 2017년 7월까지 5,839건의 관련 특허를 분석한 적이 있다. 자율주행차 관련 특허 기술 보유 개수에서 전통적인 자동차 제조업체 및 부품업체들이 상위권을 차지했고, 구글은 338개로 전체 10위에, 애플은 10위권에 들지 못했다. 그렇다면 향후 5년 이내에 어느 기업이 자율주행차 시장을 선도하게 될까? 이 수치를 본 많은 사람은 글로벌 IT 기업인 구글과 애플이 자존심을 구겼다고 결론을 내렸다. 하지만 여기에는 오류가 있다.

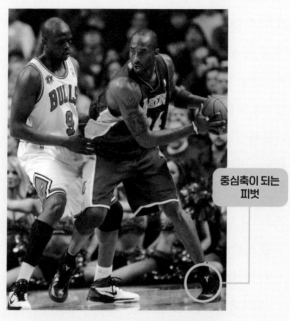

중심축이 되는
피벗

•피벗 플레이를 하는 농구선수 코비 브라이언트 •

자율주행 관련 특허 기술이 미래 자동차 시장을 주도하는 중요한 요인이기는 하지만, 결정적인 견인차 역할을 하는 것은 기술의 개수가 아니라 핵심 기술의 유무에 있다. 시장을 선점할 핵심 기술로 무엇이 있는지, 이러한 기술을 다양하게 보유한 기업이 어디인지를 우선 확인해야 한다. 피벗을 '특허 기술'이 아니라 '핵심 기술'에 꽂아야 한다는 말이다. 구글은 자율주행차 관련 핵심 기술을 보유하고 있으며, 기존 자동차 기업들과도 활발히 협업해 자율주행차 산업을 선도하고 있다. 그렇다면 다시 질문을 던져 볼 필요가 있다. "향후 5년 이내에 어느 기업이 자율주행차 시장을 선도하게 될 것인가?"

자동차 이야기가 나온 김에 또 다른 사례를 살펴보자. 한국의 교통사고 사망률은 OECD 회원국 중에서도 상위권에 해당할 만큼 높은 편이다. 이에 따라 지난 수년간 정부 차원에서 여러 가지 정책이 마련되었다. 한 가지 예로, 2010년 1월부터 모든 교차로에서 '좌회전 후 직진'과 '좌회전과 직진 동시' 신호체계를 없애고 '선행 직진' 신호체계를 도입했다. 좌회전 신호가 먼저일 때는 좌회전하던 차끼리 부딪히는 사고가 자주 발생했는데, 직진 신호가 앞에 나오자 그런 사고가 현격히 줄었다. 그런데 여기에서 한 가지 의문이 생긴다. 한국에서는 왜 수십 년간 교차로의 신호체계 문제를 인식하지 못했을까.

미국을 벤치마킹해온 한국은 좌회전 신호로 발생하는 사고율이 높지 않은 미국을 보면서 '좌회전 후 직진' 신호체계의 문제점을 크게 인식하지 못했다. 하지만 문제는 한국과 미국의 도로 상황이나 교통시스템이 크게 다르다는 데 있었다. 미국은 도로가 넓고 교차로가 많지 않고, 무엇보다 차량이 교차하는 구간에는 대부분 신호등 대신 STOP 사인이 있다. STOP 사인은 무조건 멈추고 3초가량 기다려서 차가 오지 않는 것을 확인한 후에 다시 주행하라는 의미다. 미국의 교차로에서 교통사고가 잘 나지 않았던 것은 좌회전 신호가 먼저였기 때문이 아니라 운전자들이 STOP 사인에 대한 훈련이 잘 되어 있는 덕분이었다. 즉, 한국의 높은 교통사고율을 해결하기 위해서는 미국의 교통시스템에 피벗을 설정하지 않아야 한다는 얘기다.

그렇다면 '외국의 교통시스템을 벤치마킹해서 한국의 교통사고를 줄이는 것'을 목표로 방법을 찾아내려고 한다면, 어디에 피벗을 꽂아야 할까? '교통사고율이 낮은 국가'를 찾으면 될까? 아니다. 그것보단 '한국과 도로 상황이 비슷한 곳'에 피벗을 꽂아 교통시스템을 수정하고 보완해야 한다. 운전대 위치도 같아야 한다. 그래야 한국 교통시스템에 적용했을 때 효과를 얻을 수 있으니 말이다. 한국과 달리 넓은 도로가 많은 미국을 제외하고, 운전대 위치가 다른 일본도 제외해야 한다. 그렇다면 한국과 도로 상황이 비슷한 유럽 지역, 그중에서도 운전대 위치가 동일한 독일과 같은 국가가 유력한 벤치마킹 후보 지역으로 떠오른다.

저글링을 하듯 다양한 관점을 통해 답을 모색하는 과정에서 '올바른 목적'이라는 중심축을 단단히 잡고 있기란 생각보다 쉽지가 않다. 특히 사고가 딱딱하게 굳어 있고, 단기 성과에 매몰되어 있는 기업과 사람이라면 더욱 그렇다. 문제를 인지하고 최적의 해결점에 도달하려면 올바른 중심축이, 즉 피벗이 정확하게 잡혀 있어야 한다.

○ ● ●　**사용자 친화적이 되어라** Be User Friendly

트렌드 새비 역량을 통해 문제해결에 필요한 다양하고 신선한 데이터를 잘 모았다면, 그 다음 단계는 딥씽킹Deep Thinking 이다. 데이터들을 잘 분석해서 최적의 솔루션을 찾아내기 위한 이 단계에서는 데이터를 깊고 넓게 볼 수 있는 눈이 매우 중요하다. 이때 첫 출발이 앞서 강조해온 'WHY 질문'이다. WHY 질문을 던져 문제의 '제대로 된 이유'를 찾아내고, 그다음은 WHY에 '피벗'을 정확히 꽂아야 한다. 마지막으로 딥씽킹 단계에서 유념해야 하는 것은 데이터를 분석하거나 해결책을 모색할 때의 방점이 '사용자 친화적' 관점에 찍혀야 한다는 것이다.

우리가 트렌드 새비하기 위해 애쓰는 것도, 딥씽킹을 해야 하는 이유도 결국에는 '사용자 친화적' 관점에서 최적의 솔루션이라고 할 수 있는 답을 찾아내기 위한 것이니 말이다. 사실 이 세 가지는 반드시 순서대로 이루어지지 않는다. 오히려 세 가지를 동시에 고민해야 할 때가 훨씬 많다. 사용자 수를 늘리기 위해 WHY 질문을 던지기도 하고, 피벗을 어디에 놓아야 할지 궁리하다가 사용자 관점을 고민하기도 한다.

IT 기업 대다수가 수익 창출의 기반으로 삼고 있는 '광고 비즈니스' 사례를 통해 좀 더 구체적으로 살펴보자. 플랫폼마다 광고에 대한 과금 기준은 제각각이다. 어느 플랫폼에서는 해당 광고가 사용자에게 3초만 노출되어도 과금이 진행된다. 조회수view로 카운팅되는 기준이 3초인 것이다. 과연 3초 동안 사용자가 광고 내용을 제대로 인지했을까? 유튜브는 그 기준이 30초다. 동영상이 플레이되기 전 혹은 중간에 광고가 재생되면 5초 이후부터 '광고 건너뛰기skip' 버튼을 누를 수 있는데, 만일 30초 이내에 skip 버튼을 누르면 view가 카운팅되지 않고 과금도 되지 않는다.

유튜브가 이렇게 보수적인 지표로 광고 비즈니스를 운영하는 이유는 '광고가 노출되는 것'이 아니라 '광고 메시지가 사용자에게 제대로 전달되는 것'이 근원적인 해결책이라 생각하기 때문이다. 이것이 바로 기업에서 막대한 광고비를 집행하는 진짜 이유이며 광고 플랫폼이 달성해야 하는 '올바른 목표'다. 여기에는 중요한 시사점이 있는데, 3초는 '수익 창출'에 초점이 맞춰져 있는 반면 30초는 '사용자 우선' 관점에 초점이 맞춰져 있다는 점이다. 다시 말해 3초는 문제의 근원을 보지 못했거나 잘못 파악해 도출된 숫자고, 30초는 문제의 근원을 제대로 보고 피벗을 정확한 위치에 놓았기 때문에 도출된 숫자라 할 수 있다.

광고의 과제는 브랜드나 제품의 노출이 아니라 '메시지를 제대로 전달하는 것'에 있다. 이것이 바로 광고 비즈니스의 '피벗'인 셈이다. 이 피벗을 단단하게 잡고 사용자 관점에서 깊이 있는 고민을 하게 되면 '광고가 (소비자에게) 소음이 아닌 유용한 정보가 되어야 한다'는 방향성이 정해진다. 누군가 노트북을 사려고 했는데 마침 광고를 통해 자신이 선호하는 브랜드의 노트북 할인 이벤트 정보를 접했다면, 이는 소음이 아니라 '유용한 정보'다. 이런 경우 해당 광고를 30초 이상 지켜볼 가능성이 커지고, 광고 메시지가 제대로 전달되어 구매로 이어질 확률도 높아진다. 유튜브의 광고 전략은 바로 이 부분에 기인한다. 기술을 보다 정교하게 적용해 사용자가 필요로 하는 정보를 최대한 잘 전달하고, 그 결과 다른 어떤 플랫폼보다 높은 수익을 창출할 수 있는 것이다.

제대로 된 이유 찾기, 정확한 위치에 피벗 꽂기, 사용자 친화적 관점에서 접근하기. 이 세 가지는 우리가 트렌드 새비하기 위해서, 성공적인 딥씽킹을 하기 위해서 반드시 알아야 하는 방법론이다. 데이터를 잘못 분석해 엉뚱한 해결책이 나오지 않도록, 문제의 근원을 정확하게 꿰뚫어보도록 도와준다. 이 세 가지가 나침반이라면 '문제의 근원'은 지도라고 할 수 있다. 어디로 가야 할지 '목표 지점'을 정확하게 짚어낼 수 있도록 나침반으로써 올바른 방향을 제시해줄 것이다.

○ ● ● **리더십에도 WHY가 필요하다**

구글의 모든 리더는 '원온원one on one, 1:1'을 해야 한다. 팀원 한 명에게 일주일에 30분씩 할애하여 커뮤니케이션을 하는 시간이다. 이때 팀원들의 WHY가 무엇인지 파악해서 적절한 지원을 해주는 것이 리더의 중요한 역할이다. 구글에서는 WHY를 이야기하는 것을 결코 시간 낭비라고 생각하지 않는데, 예를 들어 본격적인 회의에 앞서 "우리가 자율주행을 왜 할까?"라는 질문을 던진다.

구체적인 업무 얘기만이 오고 가는 기업이라면 구글의 방식을 비효율적이라고 판단할 수 있다. 나도 처음에는 회의 때마다 "우리가 이 일을 왜 하는가"에 대해서 정성스럽게 설명하는 리더의 모습을 보며 비슷한 생각을 했다. 하지만 시간이 어느 정도 지난후, 리더들이 그렇게 하기 때문에 팀원들이 엉뚱한 결과물을 가져오지 않는다는 사실을 깨달았다. WHY가 목표에 맞게 설정되어 있기 때문에 각자 해야 할 일을 정확하게 인지하고 필요한 결과물을 가져올 수 있는 것이다.

어떤 팀원에게 "이 엑셀 파일을 보고 A부터 C까지 채워주세요"라고 이야기하면 이건 WHAT에 해당하는 것이다. 리더 입장에서는 이렇게 말해주는 편이 훨씬 수월하고 일도 더 빨리 끝낼수 있을지 모른다. 하지만 장기적 관점에서 보면 반드시 그렇지않다. 비슷한 업무를 할 때마다 달라지는 WHAT을 반복해서 설명해야 하니 말이다. 처음부터 엑셀의 빈칸 채우는 일을 왜 해야하는지 설명했다면, 즉 WHY를 잘 짚어줬다면 시간이 다소 걸렸을지라도 나중에는 다시 설명하지 않아도 되니 결과적으로는 시간이 훨씬 절약됐을 것이다.

기업에서 '올바른 목적'이 무엇인지에 대한 공감대를 형성하는일은 매우 중요하다. 그렇기에 프로젝트 책임자인 리더는 이른바'북극성'이라는 명확한 목표점을 찍어줘야 한다. 가령 "이 프로젝트를 실행하는 이유는 매출을 50퍼센트 올리기 위해서입니다"라고 북극성을 찍어주면 그 50퍼센트를 달성하지 못하더라도 모두가 북쪽을 향해 걸어가고 있을 것이다. '북극성'이 올바른 목적에서 이탈하지 않도록 피벗 역할을 톡톡히 하는 것이다. 그런데 "이 프로젝트를 왜 하는지 다 알죠?"라는 불친절한 커뮤니케이션을 하게 되면 남쪽으로 향하는 팀원들이 나타난다. 결과적으로는 매출 상승과는 아무런 관련이 없는 엉뚱한 방법론에 매여 있는 것이다. 리더가 "지금까지 뭘 한 거죠?"라고 물으면 팀원은 "저는 이걸 원하시는 줄 알았습니다"라고 대답한다. 그들이 똑똑하지 않아서 이런 결과가 나오는 것이 아니다.

다만 북극성을 찍어주되 '책임감'이나 '오너십'에 방점을 찍어서는 안 된다. 팀원에게는 책임감이나 오너십이 WHY가 될 수 없으며, 반드시 동기부여가 되는 열쇠가 아니다. 개개인에게 맞는 WHY를 찾아 설정해야 한다. 어떤 팀원분이 유튜브팀과 회의할 때는 재미있어하면서 적극적으로 자료를 준비해오는 반면, 이메일팀과 회의할 때는 오너십이 없어지는 경우를 본 적이 있다. 그 팀원분에게 WHY는 '재미'였다. 만일 그 팀원분의 WHY가 '승진'이었다면 두 팀과의 회의 모두 열심히 준비했을 것이다.

동기부여의 열쇠가 되는 책임감을 불러일으키는 WHY는 사람마다 다르다. 리더들은 적절한 커뮤니케이션을 통해서 그것을 파악하고 올바른 방향을 제시해야 한다. 사람마다 다른 북극성을 찍어주기가 쉽지는 않지만 리더십에서 '맞춤형' 디렉션_{direction}은 목표한 바를 달성하기 위한 필수 조건이다. 누구라도 자신이 좋아하는 일이 북극성에 있다면 빨리 가고 싶어서 신나게 일하지 않을까. 그리고 신나게 일하다 보면 저절로 생기는 것이 책임감이고 오너십이지 않을까.

8 눈앞의 문제를
창의적으로 해결하려면

○●● **여러 각도에서 바라보기**

데이터 분석을 통해 문제해결을 모색하는 딥씽킹 단계에서 중요한 것은 무엇일까? 바로 데이터의 깊이와 폭을 확장해서 보는 것, 그리고 여러 관점으로 다양한 각도에서 보는 것이다. 즉, 기존 개념이나 통상적인 생각의 틀에서 벗어나 다르게 생각해보는 과정이 필요하다. 예를 들어 "사우스웨스트 에어라인 Southwest Airlines의 경쟁사는 어디인가?"라는 질문 앞에서 다른 항공사뿐 아니라 다른 운송업체인 자동차 회사 또는 렌터카 회사를 떠올릴 수 있는 관점의 전환이 필요하다.

샌디에이고에서 로스앤젤레스까지의 거리가 150킬로미터 밖에 되지 않기 때문에 이동 시 자동차와 비행기를 놓고 고민하는 사람이 많다. 만일 어떤 사람이 자동차를 타고 로스앤젤레스까지 가기로 결정했다면 항공사는 고객을 한 명 잃은 셈이 된다. 그래서 사우스웨스트 에어라인은 단거리 운항 전략을 세울 때 경쟁 상대를 '자동차'로 설정하고, 사람들이 비행기를 선택하지 않는 이유를 살펴봤다. 그 결과 시간과 거리 대비 항공 요금이 상대적으로 비싸기 때문이라는 점을 간파했고, 항공료를 대폭 낮출 수 있는 전략을 찾아보기 시작했다. 항공사에서 기내식 비용을 유료화하여 추가 비용을 별도로 지불한 사람에게만 음식과 음료를 제공하는 것도 그중 한 가지 방법이었다.

언젠가 국내 홍보마케팅 담당자들을 대상으로 강연한 적이 있는데, 당시 중소기업, 중견기업, 대기업 등에서 1,000명 이상의 분들이 오셨다. 유튜브 등의 채널을 이용해 브랜드에 대한 팬덤을 구축해야 한다는 내용이었는데, 객석에서 이런 질문이 나왔다. "팬덤이라는 건 종교나 정치처럼 추상적인 신념 같은 것에서 만들어지는 게 아닌가요? 저희 같은 브랜드가 강력한 팬덤을 구축할 수 있을까요?"

여기에 이어, 제도권의 합리적인 틀 안에서 모든 프로모션 활동을 해야 하는 기업에서 이성의 영역을 넘어 개인의 신념까지 사로잡는 팬덤을 구축하는 게 과연 가능한지를 묻는 현실적인 질문도 나왔다. 이분들의 질문에 나는 다음과 같은 엉뚱한 질문으로 대답을 시작했다.

"혹시 미국에서 타투를 새길 때 가장 많이 쓰이는 단어가 무엇인지 아세요?"

많은 이가 사랑이나 희망(혹은 그 대상), 믿음, 용기 등의 추상적이고 가치 지향적인 단어를 떠올리겠지만, 실제로 미국의 타투 문양에서 가장 많이 등장하는 단어는 할리데이비슨Harley-Davidson이다. 이는 우리가 의미를 두고 선택하는 단어가 그만큼 다양하다는 반증이기도 하다. 한 개인이 (타투를 위해) 선택할 수 있는 단어는 그야말로 무궁무진하고, 그런 다양한 단어 중 공통적으로 등장하는 단어가 예상 외로 할리데이비슨이라는 브랜드였던 것이다.

전 세계 많은 이가 할리데이비슨을 좋아하는 건 맞지만, 문신으로 기업 브랜드를 새긴다는 점은 일면 놀랍다. 할리데이비슨은 어떻게 고객들과 그런 깊은 유대감을 형성할 수 있었을까?

할리데이비슨에서는 자신들의 브랜드를 '고객이 원하는 것과 우리가 약속하는 것이 만나는 접점'이라고 정의한다. 그래서 그들은 수백 년이 지나도 가치가 변하지 않는 클래식 음악 같은 모터사이클을 만든다. 고객은 할리데이비슨의 유전자가 예전 그대로이길 바라고, 할리데이비슨은 고객에게 바로 그 점을 약속한다. 시간이 아무리 흘러도 변치 않는 가치를 지닌 브랜드를 소유한다는 자긍심을 선사하는 것이다. 그 결과, 할리데이비스 모터사이클 소유자들은 '할리 오너 그룹Harley Owners Group, HOG'이라는 동호회를 결성했고, 할리데이비스는 모터사이클 라이딩, 축제, 게임 등 다양한 행사를 개최하며 후원을 아끼지 않고 있다. 처음에 3만 명으로 시작한 할리 오너 그룹은 현재 13개국에 100만 명의 회원이 있으며, 한국에서만 1,300여 명이 활동 중이다. 단순한 유대관계를 넘어 강력한 팬덤까지 구축한 것이다.

그런데 이번에는 이런 질문이 나왔다. "할리데이비슨은 가격이 높아 여러 번 고민해서 구매하는 '고관여 제품'이라서 그런 것 아닐까요? 화장품이나 식품 같은 '저관여 제품'도 그런 팬덤 구축이 가능할까요?"

그래서 나는 다시 패션 브랜드 수프림Supreme과 커피 브랜드 블루보틀Blue Bottle을 사례로 다시 설명했다.

스트리트 패션 브랜드 수프림은 1994년 뉴욕에서 스케이트 보더를 위한 보드와 의류, 액세서리를 판매하는 매장으로 시작했다. 소량제작 한정판매, 그리고 좋은 원단으로 차별화를 시도하며 인지도를 쌓기 시작했는데, 특히 여러 기업과의 독특한 협업 마케팅에 성공하면서 MZ세대 사이에서 열광적인 인기를 얻었다. 2018년 〈뉴욕포스트New York Post〉에 수프림의 광고가 실리자 23만 부를 찍는 이 신문이 완판되기도 했다. 블루보틀 또한 커피 계의 애플로 불리며 새로운 매장을 열 때마다 대기줄이 생길 정도로 관심도가 높은 브랜드다. 단순하면서도 감각적인 브랜드 이미지와 최상위의 고급 원두를 한 잔씩 핸드드립으로 내려주는 운영 정책이 성공 요인으로 꼽힌다. 패션과 커피는 저관여 상품이지만 수프림과 블루보틀 모두 충성도가 높은 고객과 상당한 팬덤을 구축하고 있는 것이다.

이와 같은 이유로 나는 강연을 통해 "여러분은 얼마나 다양한 관점에서 얼마나 깊이 있게 고민해보셨나요?"라는 본질적인 질문을 강조하고 싶었다. 기업에서는 소비자를 충성도 높은 팬으로 바꾸는 것이 어렵다는 생각, 저관여 상품 브랜드는 팬덤을 구축하는 것이 어렵다는 생각을 깨고 다양한 각도에서 고민을 해보면 얼마든지 돌파구를 찾을 수 있다. 가령 발망Balman이라는 패션 브랜드의 경우에는 다른 브랜드와의 컬래버레이션을 통해서도 엄청난 팬덤을 구축하고 확대할 수 있다는 점을 보여주었다.

프랑스 명품 브랜드 발망은 매출 부진으로 어려움을 겪다가 또 다른 패션 브랜드 H&M과 컬래버레이션을 하면서 위기를 넘긴 적이 있다. 당시 H&M은 광범위한 소비자층을 대상으로 시장을 확보하고 있는 대신 저가 브랜드라는 한계에 직면해 있었고, 이미지 쇄신을 위한 일환으로 지방시Givenchy, 마르니Marni, 베르사체Versace와 같은 명품 브랜드들과 컬래버레이션 패션쇼를 주최해왔다. 이에 발망 역시 H&M과 함께 패션쇼를 진행하고 해당 영상을 유튜브에 올리는 등 다양한 디지털 마케팅을 적극적으로 펼쳤다. 당시 두 브랜드의 컬래버레이션으로 제작된 한정판 의류를 구매하기 위해 매장 앞에서 노숙을 하며 기다리는 소비자가 발생할 정도로 흥행에 성공했다.

다양한 관점과 각도에서 딥씽킹을 해본다는 것은 쉽게 말해 기존의 습관적 사고에서 벗어나 다르게 생각해보는 것이다. 한 가지 관점에 갇혀 있으면 데이터를 편향된 시선으로 분석하게 되고, 결국 사용자 관점에서 최적화된 솔루션을 찾아내기 어려워진다. 갑작스러운 복통으로 응급실을 찾은 환자를 제대로 치료하려면 여러 가능성을 염두에 두면서 다양한 전문적인 검사를 통해 진단을 내려야 한다. 이처럼 어떤 문제를 해결하기 위해서는 그 문제를 다양한 각도에서 돌려보고 검증해보는 과정이 반드시 선행되어야 한다.

○ ● ● 10 x Thinking, 10 x Strategy

'무엇이 구글이라는 조직을 다르게 만드는 걸까? 협업은 왜 이렇게 잘되는 걸까? 정해진 원칙이 별로 없는 자유로운 분위기에서도 구성원들은 어떻게 이토록 맹렬히 업무에 임할 수 있는 걸까?' 구글로 이직한 후 나는 이런 개인적인 호기심을 갖고 조직의 구석구석을 살펴보고 생각해본 적이 있다. 그 결과 구글의 성장과 활력 엔진은 구성원들이 성과performance를 정확히 겨냥한 심도 있는 고민을 하는 데서 비롯된다는 사실을 깨닫게 되었다. 그리고 구글이 이를 위해 얼마나 정교하게 조직문화를 설계했는지도 알게 되었다.

'10×Strategy(10배 전략)'. 이는 구글의 고민하는 방식과 관련해서 반드시 언급해야 하는 개념이다. 이 개념은 어떤 액션플랜을 고민할 때 10퍼센트가 아닌 10배의 개선을 추구하는 혁신적 발상을 뜻한다. 목표를 '기존 매출의 10배'로 상정하고 고민을 했을 때 매출 성장을 위한 제대로 된 계획과 획기적인 향상이 나올 수 있다는 얘기다. 10퍼센트 개선을 목표로 하면 기존의 것을 조금 바꾸는 수준에서 문제를 해결하려는 경향을 띄게 된다. 하지만 '10배 성장'을 목표로 삼으면 기존의 방법으로는 안 되니 완전히 새로운 방법을 고민하게 된다. 이를 '문샷씽킹moonshot thinking'

이라고도 한다. 달을 좀 더 잘 관찰하기 위해 망원경의 성능을 개선하는 대신 아예 탐사선을 만들어 직접 달에 가보는 혁신적인 방법을 생각해낸다는 뜻이다.

예를 들어, 교통사고 사망률을 줄이는 방법을 고민할 때 구글에서는 사망자 수를 10분의 1로 줄이는 방안을 이야기한다. 약 7년 전 데이터에 따르면 전 세계에서 자동차 충돌로 사망하는 사람의 숫자는 130만여 명이었다. 이때 구글은 130만 명을 120만 명 또는 100만 명으로 줄이는 방안이 아니라 처음부터 13만 명으로 줄이는 방법을 고민했다. 사실 이 과정에는 매우 집요하고 끈질기다 싶을 정도로 깊은 고민이 필요하다. 한 단계 두 단계 더 나아갈수록 꼬리에 꼬리를 무는 생각을 거쳐야만 문제해결을 위한 근본적인 원인에 가까이 다가설 수 있다. 이때 여러 가지 원인을 찾아서 나열하고 우선순위를 매기기도 하는데 '피쉬본 다이어그램fish bone diagram'과 같은 기법을 사용하기도 한다. 피쉬본 다이어그램은 출발점, 단계별 목표, 최종 목표를 구조화한 일종의 로드맵으로 단계별로 해결해야 할 문제들을 정리할 때 유용하다.

구글에서는 고민에 고민을 진전시켜서 마침내 교통사고의 가장 근본적인 원인이 '휴먼 에러human error'라는 사실을 도출해냈다. 긴급한 상황에서 정확한 판단을 내리기 어려운 점, 피곤했을 때 졸음이 오는 것을 참기 어려워하는 점 등이 모두 교통사고를 유발하는 '휴먼 에러'다. 극단적으로 표현하자면 인간이 자동차를 운전하는 한 사고를 완전히 없애는 것은 불가능하다는 의미다. 이 휴먼 에러에 초점을 맞추고 생각해보면 어떤 결과가 나올까? 결국 인간이 운전을 하지 않아도 되는 자동차, 즉 "자율주행차가 답이다"라는 결론을 얻게 된다.

또 다른 사례로 풍력발전기를 보자. 다음 사진을 보면 위쪽은 기존에 우리가 흔히 볼 수 있는 풍력발전기, 아래쪽은 항공기 형태의 풍력발전기 마카니Makani다. 이 날아다니는 풍력발전기는 구글에서 고안해낸 것으로 기존 풍력발전기보다 훨씬 저렴한 비용으로 제작했는데 효율은 10배 이상 높다. 데이터를 확인해보면 50미터 높이의 바람은 750킬로와트 정도의 전량을, 100미터 높이의 바람은 약 4배인 3,000킬로와트 전량을 만들어낼 수 있다. 높은 곳의 바람을 효율적으로 모으는 것이 중요하다는 뜻인데, 기존 풍력발전기의 모양으로는 높이를 올리는 데 한계가 있었다. 설비 비용이 기하급수적으로 높아졌던 것이다. 이에 구글은 풍력발전기의 모양을 바꾸는 것으로 문제에 새롭게 접근했다. 부표에 줄을 달아 발전용 항공기를 하늘에 띄우고, 부표에 달린 닻을 바닷속에 고정하는 방식이다. 바람이 거센 해상에서도 설치할 수 있을 뿐만 아니라 높이를 더 올려도 비용이 많이 올라가지 않는다. 기존의 풍력발전기에서 시작된 발상이 아니라 10배 전략으

• (위) 일반 풍력발전기 (아래) 구글X에서 선보인 비행 풍력 발전기 마카니 •

로 접근했기 때문에 가능했다.

"열 번 찍어 안 넘어가는 나무 없다." 이제 이 속담이 적용되지 않는 일이 많아졌다. 기술의 변화가 워낙 빠르고 다양하게 진행되다 보니, 기존의 열 번 찍는 방식으로는 안 넘어가는 나무가 꽤 많아진 것이다. 나는 기업 강연에서 종종 "전체 회의 40분 중에서 단 10분이라도 '10×Strategy'를 해보세요"라고 제안한다. 조직의 산출물이 확연히 달라질 수 있기 때문이다. 단기적 성과를 목표로 10퍼센트 개선을 위한 회의도 중요하다. 하지만 '10×Strategy'를 실행하는 회사와 그렇지 않은 회사는 성장의 측면에서, 위기 대응의 측면에서 엄청난 차이를 보인다. 현실 감각을 땅에 딛고 있되 기존의 관점과는 완전히 다른 새로운 접근법을 찾는 것, 비약적인 혁신을 이끄는 도전적인 발상이 필요하다.

○●● **사용자 관점에 서야만 보이는 것들**

고민의 깊이와 넓이를 확장해보는 것은 기업뿐 아니라 개인의 성장을 위해서도 매우 중요하다. 공부를 열심히 하는 것 같은데 성적이 오르지 않는다면, 단순히 공부 시간을 늘리거나 학원을 옮기는 것이 충분한 해결책이 되지 못한다는 의미다. 이럴 땐 과감하게 게임의 규칙을 바꿔야 한다. 가장 먼저 사용자 관점에서의 접근이 필요하다. 이 문제에 있어서 사용자는 바로 '자기 자신'이다. 우선 자신이 공부하는 패턴과 행동 습관에 이르기까지 사소한 것들을 모두 적어보자. 그리고 어떤 부분을 바꾸어야 획기적인 변화가 나타날지 고민해보자.

고민의 과정 없이 '반에서 1등 하는 친구가 다니는 학원에 다녀볼까'라는 식으로 단순하게 접근해서는 문제가 해결되지 않는다. 학원이 문제가 아니라 공부에 집중할 수 있는 시간대가 남들과 다를 수 있고, 배운 내용을 소화하는 방식의 문제일 수도 있다. 또 실전에서 유독 긴장을 많이 하다 보니 시험을 칠 때 유독 실수를 많이 하는 것일 수도 있다. 이런 경우에는 그 어떤 방법보다도 마음을 차분하게 유지하는 법을 먼저 훈련해야 한다.

나는 구글에서 일하면서 사용자 관점에서 문제를 해결하려는 시도들을 많이 보는데, 그중에서 인상 깊었던 사례는 소규모 휴게실 '마이크로 키친micro kitchen'이다. 구글은 직원들에게 양질의 음식과 간식을 무료로 제공하는 것으로 유명한데, 직원들의 식생활 개선에 기여하면서 건강 증진을 도모하겠다는 것이다. 건강해야 일을 좀 더 효율적으로 할 수 있다는 이유도 있겠지만, 이것이 회사에서 제공할 수 있는 가장 중요한 복지라고 믿기 때문이다. 나아가 구글은 식사나 간식을 제공하는 데 그치지 않고, 제공방식에도 새로운 변화를 시도했다.

대개 직원들의 건강 증진을 위해서라면 유기농 식재료를 구입하거나 요리법을 달리하는 방향으로 해결책을 제시할 것이다. 그런데 구글은 음식과 재료를 성심껏 엄선해서 준비하는 데 그치지 않고, 음식을 배치하는 환경을 달리하는 방법까지 고안했다. 커피메이커 옆에 주로 과일이나 쿠키를 두는데, 커피가 내려지는 동안 이용자들이 간식으로 손이 쉽게 가는 경향이 있다는 점을 파악해 커피메이커와 간식 사이의 거리를 조절했다. 약 2미터였던 거리를 5미터로 늘렸다. 또 젤리나 쿠키 같은 스낵류는 커피메이커와 가장 멀리 떨어진 불투명한 서랍 안에 넣어두고, 대신 가까이에는 신선한 과일만 배치했다. 탄산음료 역시 창을 반투명하게 만든 냉장고 하단에 보관했고, 눈에 쉽게 띄는 위치에는 생수나 채소스틱 등을 배치했다. 직원들은 달라진 식음료의 위치를 알고 있었지만, 시간이 지나고 차츰 익숙해지다보니 더 이상 스낵을 찾지 않게 되었다.

구글의 입장에서 마이크로 키친의 사용자는 '직원'이다. 구글은 사용자 관점에서 더 건강한 식사를 하기 위한 좋은 방법은 무엇인지, 식생활 습관을 개선할 수 있는 효과적인 방법은 무엇인지를 분석했고, '배치 환경을 바꾼다'라는 해결책을 찾은 것이다. '메뉴를 바꾼다'에서 좀 더 깊이 들어간 고민의 과정을 거쳤기에 가능했다. 몸에 해로운 음식을 없애는 것이 아니라 몸에 좋은 음식을 먼저 집을 수 있도록, 유혹을 줄이되 선택의 자유를 가지게 한 것이다. 사용자의 입장에 서자 생각지 못한 부분을 보게 되고, 결국 창의적인 아이디어를 도출한 것이다.

○ ● ● **정해진 성공 공식은 없다**

한국에서 경쟁이 가장 치열한 시장 중 하나가 아이돌 시장이 아닐까. 현재 아이돌 시장에서 단연 독보적인 그룹은 역시 방탄소년단이다. 나는 방탄소년단의 성공을 분석했을 때 기업과 개인에게 시사할 만한 요소가 많다고 생각하기 때문에 자주 인용하곤 한다(물론 개인적으로 방탄소년단의 음악을 좋아하는 팬이기도 하다).

한국에서 기존 아이돌 시장을 움직이는 주요 플레이어는 SM, JYP, YG라는 3대 대형 기획사였다. 이른바 아이돌 시장의 큰손이라 할 수 있는 이들은 아이돌그룹의 성공 시스템을 만들어냈다. 외모와 신체 조건은 어때야 하는지, 멤버 구성은 어때야 하는지, 안무는 어떻게 해야 하고 노래는 어떻게 불러야 하는지, 예능 프로그램에 출연해서 보여줄 개인기는 어떤 것이어야 하는지,

SNS에 올리는 사진과 글은 어떤 것이어야 하는지 등등 그 시스템의 내용은 이루 말할 수 없이 다양하지만, 그 결과 팬들에게 노출되는 콘텐츠들은 일방적이고 획일적으로 보이는 경향이 있었다. 그 시스템 안에 들어가기 어려운 다른 기획사 입장에서는 3대 기획사를 뛰어넘는 일이 여간 어려운 도전이 아니었을 것이다.

그렇다면 비집고 들어갈 틈이 없어 보였던 아이돌 시장에서 신생 기획사였던 하이브는 어떻게 방탄소년단을 성공시킬 수 있었을까? 결론부터 말하자면 나는 '진정성을 담은 스토리텔링'에 차별점이 있다고 생각한다. 3대 기획사가 만들어놓은 시스템 안에서는 찾아볼 수 없었던 요인이다. 기존의 소통 방식을 살펴보면 일종의 신비주의 전략을 통해 아이돌들이 팬들에게 선망의 대상으로 각인되는 경우가 많았다. 그런데 하이브는 정제되지 않은 솔직한 가수의 모습을 팬들과 공유하며 엄청난 팬덤을 구축하는 데 성공했다.

이 팬덤은 '양육의 팬덤'이라고도 할 수 있는데, 방탄소년단은 데뷔 초부터 자신들의 일상을 있는 그대로 가감 없이 보여주는 방식으로 소통해왔다. 치밀한 계획하에 다듬어진 세련된 콘텐츠는 아니었다. 하지만 팬들은 신인 시절 때부터 옆에서 지켜보고 어려운 과정을 함께 겪고 성장해왔다는 데 친근감을 가지고 방탄소년단의 이야기에 더욱 몰입했다. 그리고 앞서 설명했듯 방탄소년단은 이러한 소통이 원활하도록 트위터나 유튜브와 같은 도구를 아주 똑똑하게 활용했다.

기존의 3대 기획사가 만들어놓은 시스템을 400점 만점이라고 했을 때, 하이브는 여기에 '팬덤을 만들어내는 소통'이라는 성공 공식을 하나 더 얹어서 500점 만점의 새로운 시스템을 구축했다. 이제 기존의 3대 기획사도 이 500점 만점의 시장을 선점하기 위해서는 하이브의 방식을 받아들이거나 새로운 방식을 만들어야 한다. 우리는 흔히 '게임의 규칙을 바꾼다'고 하는데, 방탄소년단이야말로 자신들만의 성공 공식을 만들면서 국내 아이돌 시장은 물론 해외 한류 시장의 판도까지 바꿔버렸다. 아이돌 시장의 후발주자였지만 새로운 시장의 선발주자가 되었고, 확실한 경쟁우위를 차지하게 된 것이다.

우리에게는 주어지는 어떤 문제는 때로 게임의 규칙을 바꾸지 않으면 해결되기 어려울 수 있다. 그럴 때는 끊임없는 고민을 통해 기존에 없던 새롭고 창의적인 접근을 생각해내야 한다. 문제를 아예 기회로 만들어버릴 수 있을 만큼 새롭고 창의적이어야 한다. 우리에게 정해진 운명이란 것이 따로 없듯이 정해진 성공 공식이란 것도 없다. 기존의 게임에 단순히 순응하지 말고 내가 가장 잘할 수 있는 게임으로 바꿔나가야 한다. 그래야 우리는 계속 성장하면서 또 계속 성공할 수 있다.

　　새로운 기회를 발견하려면 기존의 습관적 사고의 틀에서 벗어나 완전히 다른 관점으로 해결책을 찾으려는 '창의적 유연함'이 필요하다. 혹시 한국 10대들이 전 세계에서 수리 능력 1위라는 사실을 알고 있는가. "초코파이에 초콜릿 함유량이 얼마나 될까?"라는 문제를 한국 중학생들이 풀었다고 한다. 아래 그림에서처럼 분모와 분자에 있는 '초코'라는 문자를 약분해버린 것이다. 초콜릿을 초코파이로 나누면 1/파이(π)만 남고 결국 이를 백분율로 환산하면 31.83퍼센트가 나온다. 어디서 이런 아이디어를 생각해냈는지 놀라울 따름이다. 숫자와 문자를 자유자재로 치환할 수 있는 관점이 바로 '창의적 유연성'이다.

$$= \frac{\cancel{초코}}{\cancel{초코}파이} \times 100$$

$$= \frac{1}{\pi} \times 100 = \mathbf{32(\%)}$$

• 초코파이의 초콜릿 함유량을 계산하는 법 •

나는 창의적 유연성을 설명할 때 예술기법 중 하나인 '데페이즈망depaysement' 기법을 예로 들곤 한다. 데페이즈망은 '일상적인 관계에 놓인 사물을 추방하여 이상한 관계에 두는 것'을 뜻한다. 초현실주의 대표 예술가인 르네 마그리트René Magritte의 작품에서도 종종 관찰되는데, 그의 대표작 〈골콩드Golconde〉(1953)를 보면 중절모를 쓴 수십 명의 신사가 공중에 떠 있다. 주택가를 거니는 신사라면 특이할 것 없는 일상적인 풍경이었겠지만, 르네 마그리트는 이러한 평범한 모습들을 기상천외하게 조합한다. 기존의 고정관념에서 벗어나 새로운 시각으로 전에 없던 이미지를 창조하는 것이다.

이런 창조적 유연성을 비즈니스 현장에 잘 적용한 사람이 있는데, 바로 영화 〈아이언맨Iron Man〉의 실제 모델로 알려진 일론 머스크Elon Musk다. 그는 전기차 브랜드 테슬라Tesla의 CEO면서 민간 우주탐사기업인 스페이스XSpaceX의 CEO다. 스페이스X는 민간 기업으로서는 최초로 유인우주선 개발에 성공해서 크게 화제가 됐다. 2020년 11월 우주비행사 4명을 태운 스페이스X의 유인우주선이 국제우주정거장ISS 도킹에 성공한 것이다. 일론 머스크는 여기서 멈추지 않고 승객을 태워 달과 화성으로의 여행을 다음 목표로 추진하고 있다고 말해서 주목받기도 했다.

그런데 유인우주선 못지않게 화제가 된 것이 있다. 바로 우주비행사들이 입은 '우주복'이다. '우주인' 하면 크고 둥근 헬멧과 커다랗고 두꺼운 우주복을 착용한 채 뒤뚱뒤뚱 걷는 모습이 쉽게 연상된다. 최첨단 기술의 집약체임에도 우주복만큼은 처음 제작되었을 때의 모습 그대로, 한 마디로 세련되지 않은 디자인이었다. 그런데 스페이스X가 선보인은 우주복은 3D 프린터로 제작된 헬멧과 일체형의 날렵한 전신 수트, 그리고 세련된 검정색 부츠로 마치 공상과학 영화 속의 히어로들이 입을 법한 디자인이었다.

전해지는 일화에 따르면 5년 전 스페이스X는 할리우드 영화 의상 디자이너인 호세 페르난데스Jose Fernandez에게 우주복 디자인을 의뢰했다고 한다. 그런데 스페이스X는 왜 우주항공 관련 지식과 경험이 풍부한 과학자나 전문가가 아닌, 영화 의상 디자이너에게 우주복 디자인을 의뢰한 걸까? 우선 호세 페르난데스는 영화 〈배트맨Batman〉과 〈어벤져스Avengers〉에 등장하는 슈퍼히어로의 의상 디자인을 맡았던 할리우드 최고의 의상 디자이너다. 그는 어벤져스 히어로들의 슈트를 디자인할 때 최대한 사실적으로 보이는 것이 중요했기 때문에 우주과학자들의 조언을 적극적으로 참조했었다고 한다. 스페이스X에서도 이러한 사실을 알고 호세 페르난데스에게 디자인을 의뢰하는 것이 효과적이겠다고 판단한 것이다.

• 호세 페르난데스가 디자인한 스페이스X의 우주복 •

일론 머스크는 담당자에게 무조건 멋있는 우주복을 제작하라는 주문을 했다고 한다. 그가 스티브 잡스만큼이나 디자인을 중시하고 많은 열정을 쏟는다는 건 테슬라의 전기차를 통해서 이미 잘 알려진 사실이다. 이 담당자는 무척 고심했을 것이다. 미국 항공우주국NASA의 우주복을 디자인했던 사람에게 의뢰한다면 기존의 우주복에서 조금 다르거나 업그레이드된 디자인이 나올 수는 있겠지만, 일론 머스크가 요구하는 완전히 새로운 디자인을 받아보기는 힘들었을 것이다. '멋있는 우주복'이라는 목적을 달성하기 위해 그는 고민을 거듭했을 테고, 그 결과 제대로 된 해결책을 찾아낼 수 있었다.

만일 기존 생각의 틀에 갇혀 있었다면 영화 의상 디자이너에게 실제 우주비행사들이 입을 우주복 디자인을 맡길 수 있었을까? 창의적으로 문제를 해결하기 위해서는 무엇보다 사고와 관점의 '유연함'이 중요하다. 그동안 아무도 시도하지 않은 것이라고 해서 지레 겁먹을 필요는 없다. 오히려 겁 없이 시도해야 자신이 접해보지 않은 다른 분야에도 열린 태도로 접근할 수 있다.

9 데이터의 함정에
빠지지 않으려면

○●● **직관과 영감을 키워주는 재료**

　데이터 리터러시가 중요한 역량이라고 강조해왔지만, 그
렇다고 데이터를 맹신해서는 안 된다. 때로 사람의 직관이나 영
감이 더 중요하며, 이 직관과 영감에 데이터가 도움을 줄 수 있
다. 즉, 직관을 더 정확하게 하고 영감을 더욱 풍성하게 하는 데
에 데이터를 재료로 사용해야 한다. 데이터는 그 자체로 우리에
게 답을 주기보다는 우리가 답을 찾아가는 데 도움을 주는 도
구다.

　몇 년 전 남북정상회담이 열린 날이 생각난다. 그날은 마침 미

세먼지 수치도 꽹장히 높았다. 이때 문득 어떤 키워드의 검색량이 더 높을까 하는 의문이 들었다. 어떤 사람은 국민 상당수가 정치에 염증을 느끼고 오히려 개인의 삶을 우선순위에 두기 때문에 건강과 관련된 미세먼지에 더 높은 관심을 가질 거라고 예상했다. 반면에 어떤 사람은 남북정상회담은 이산가족 상봉, 경제교류 등 한국 사회에서 아주 중요한 문제이기 때문에 당연히 남북정상회담 관련 키워드 검색이 많지 않겠느냐는 입장을 보였다. 물론 이때 정답을 줄 수 있는 건 데이터였다.

네이버와 구글의 전체 검색량을 살펴보니 미세먼지가 2만 건이었고, 남북정상회담이 5만 건이었다. 이 두 데이터만 본다면 '역시 남북정상회담에 대한 관심이 더 높구나, 개인적인 삶보다 정치적 이슈나 공공의 삶에 대한 문제의식이 더 높구나'라는 결론을 내리게 된다. 그런데 흥미로운 점은 이날 '치킨'이라는 키워드의 검색량도 5만 건이었다는 점이다. 이렇게 되면 두 데이터를 비교함으로써 얻은 결과를 확신할 수 없게 된다.

미세먼지와 남북정상회담에 대한 관심의 정도를 지레짐작하지 않고 키워드 검색량이라는 데이터를 통해서 본 것까지는 잘한 일이다. 그런데 정말 데이터 리터러시가 높은 사람은 여기서 "다른 검색 키워드는?" 하고 물을 것이다. 그러면 치킨 같은 키워드를 발견하게 된다. 또 "전체 분석량은?"이라는 질문도 나오게 되는

데 당시 전체 데이터가 7,500만 건이었다. 이렇게 방대한 데이터에서 2만, 5만이 나온 것이라면 그 수치를 과연 의미 있는 해석으로 연결할 수 있는가라는 의문이 제기될 수 있다.

문제는 데이터 리터러시가 부족할 경우 '남북정상회담은 5만건, 미세먼지는 2만 건'이라는 수치만 보고 '한국 사람들은 여전히 남북 문제에 엄청난 관심을 갖고 있구나'라는 결론을 내릴 수 있다는 것이다. 데이터를 깊고 넓게 보는 훈련이 안 되어 있으면, 즉 한 번 더 질문을 던지면서 고민의 깊이를 더하는 훈련이 안 되어 있으면, 이런 식으로 오히려 데이터의 함정에 빠질 수 있다.

나아가 데이터를 분석할 때 더 주의해야 하는 부분이 있는데, 데이터는 한 가지만 말하지 않는다는 점이다. 예전에 나는 인기 가수를 뽑는 가요 프로그램을 시청하곤 했는데, ARS(자동응답시스템)를 통해 투표에 참여했다. 2000년대 초까지만 해도 가요 순위 프로그램의 인기 순위가 음반판매량에 지대한 영향을 미칠 뿐 아니라 인기의 척도였다. 1등과 2등을 다투는 두 가수의 긴장된 모습 아래로 ARS 집계 숫자가 보였는데, 내가 좋아하는 가수가 2등을 하고 있다는 것을 알게 되면 나도 모르게 전화기로 손이 갔다. 그런데 ARS 집계 숫자를 절대수로 보여줄 때와 퍼센트로 보여줄 때 상황이 조금은 달라진다.

두 가수가 받은 표가 화면에 표시되고 격차가 1만 표 이상이라는 걸 알게 되면, 아직 순위를 발표하기 전인 상황인데도 결과가 이미 확정된 것처럼 느껴진다. 이와 비교해 집계 결과를 퍼센트로 환산해 보여주면 격차가 크게 벌어진 것처럼 느껴지지 않는다. 절대수로 표시하면 1만 표의 차이가 나지만, 퍼센트로 표시하면 5퍼센트가 되니 체감 정도가 확연히 달라진다. 이렇게 근소한 차이에 시간이 없다는 긴장감과 박진감까지 더해지면, 빨리 자신이 좋아하는 가수에게 투표해야겠다는 생각을 하게 되는 것이다. 사실 이런 방식은 한국뿐 아니라 외국에서도 쇼비즈니스 홍보 방식으로 흔히 사용된다.

비즈니스 현장에서건 우리의 일상에서건 데이터를 활용해서 오히려 정보를 왜곡하고 올바른 의사결정을 방해하는 경우는 얼마든지 있다. 그런 함정에 빠지지 않으려면 주어진 데이터를 맹목적으로 흡수하는 것이 아니라 한 번 더 뜯어보는 자세가 필요하다. 데이터 리터러시에는 데이터가 가진 함정을 꿰뚫어 볼 수 있는 통찰력도 포함된다.

○●● 데이터 프라이밍의 함정

　기업에서는 홍보 및 마케팅 전략을 짜기 위해 데이터를 분석해 소비자 심리를 파악하기도 하지만, 거꾸로 소비자에게 의도된 데이터를 반복적으로 노출하는 방식을 통해 홍보 및 마케팅 효과를 노리기도 한다. 우리는 시각적으로든 청각적으로든 특정 브랜드에 지속적으로 노출될 경우 무의식적으로 각인되어 소비 행동을 할 때 큰 영향을 받기도 한다. '프라이밍 효과priming effect'는 이렇게 최근에 빈번하게 활성화된 개념이 그렇지 않은 개념보다 머릿속에 쉽게 떠오른다는 것을 나타내는 용어다. '먼저 떠오른 개념이 이후에 제시되는 자극의 지각과 해석에 영향을 미치는 현상', 즉 앞서 발생한 현상이나 경험이 다음의 상황에 영향을 끼치는 것을 의미한다. 심리학 및 인지과학 분야에서는 프라이밍을 '점화'라고 번역해서 '점화 효과'라는 표현을 쓰기도 한다.

　프라이밍 효과를 잘 설명해주는 실험 사례가 있다. 사람들에게 피자, 라쟈냐 등의 사진을 보여주고 '스파'로 시작되는 단어를 물어봤더니 대다수가 '스파게티'를 말했다. 다시 로마, 군인 등의 관련 사진을 보여주고 '스파'로 시작되는 단어를 말해달라고 하니 이번에는 대부분의 사람이 '스파르타'를 떠올렸다. 어떤 연예인이 출연하는 프로그램이 끝난 뒤에 바로 그 연예인이 나오는 광고가 나오는 것도 이런 프라이밍 효과를 노린 전략이라고 볼 수 있다.

우리는 어떤 의사결정을 할 때 기억 속에 저장된 정보를 끄집어내 참조하게 되는데, 이때 오래된 기억보다는 최근의 기억, 낯선 기억보다는 친숙한 기억에서 정보를 끄집어내는 것이 훨씬 쉽게 느껴진다. 그래서 특정 브랜드에 반복 노출될 경우 쇼핑을 할 때 그 브랜드의 물건을 살 가능성이 커지는 것인데, 이것이 바로 프라이밍 효과다. 마케팅 분야에서는 이러한 프라이밍 효과를 염두에 둔 전략을 구사할 때 '소비자를 프라이밍한다'라고 표현하기도 한다.

주변을 둘러보면 이런 프라이밍 효과를 염두에 둔 광고를 많이 접할 수 있다. 프라이밍 효과는 대개 제품의 기술적인 장단점을 설명하는 광고보다는 제품의 특정 이미지를 부각하는 광고에서 자주 나타난다. 잘 알려진 사례 중 하나가 코카콜라의 광고다. 지금은 다소 희미해졌지만 몇 년 전만 해도 미국에서 코카콜라는 크리스마스의 상징이었다. 산타클로스는 원래 몸집이 크지도 않았고 빨간 옷을 입고 있지도 않았다. 지금의 산타클로스 모습은 코카콜라의 마케팅 전략에서 시작된 것이다. 코카콜라는 특히 겨울에 판매가 부진했는데 이를 극복하기 위한 마케팅 전략을 고민하던 중에 산타클로스를 활용하면 좋겠다는 아이디어를 떠올렸고, 코카콜라 로고를 상징하는 빨간색 컬러와 콜라의 거품을 상징하는 흰 수염을 가진 산타클로스를 탄생시킨 것이다. 이렇듯 치밀한 계획과 지속적인 마케팅을 통해 '산타클로스' 하면 곧 '코카콜라'를 떠올릴 만큼 소비자들의 머릿속에 유쾌한 이미지를 각인시킬 수 있었다. 한편 코카콜라는 뉴스 프로그램 이후 자사의 광고가 나가는 것을 금지하고 있다. 뉴스 프로그램에서는 부정적인 내용을 많이 다루기 때문에 그 부정적인 내용이 코카콜라의 이미지까지 부정적으로 느끼게 할 수 있다는 이유에서다.

기업의 중요한 의사결정 구조에도 '데이터 프라이밍'을 적용하는 사례가 있다. 자신들의 이익에 부합하는 데이터들만 조합해 제시함으로써 유리한 결론을 이끌어내는 방식으로 의사결정권자decision maker를 프라이밍하는 것이다. 여기에서 우리가 배워야 하는 교훈은 눈앞에 보이는 데이터에 함몰되면 커다란 실수를 범할 수 있다는 것이다.

좋은 약은 우리 병을 낫게 해주고 더 건강하게 만들어주지만, 오용되거나 남용되면 더 큰 부작용을 낳기도 한다. 데이터도 마찬가지다. 데이터의 오용과 남용을 막으려면 데이터 리터러시 역량이 매우 중요하다. 데이터를 믿어야 하지만 한편으로는 믿지 말아야 한다. 어떤 데이터를 믿고 어떤 데이터를 믿지 말아야 할지는 여러 가지 관점에서 한 번 더 의심하고, 한 번 더 고민해보는 딥씽킹 과정을 통해 알 수 있다.

○ ● ● 내가 틀릴 수 있다는 가능성 열어두기

우리가 여러 각도에서 깊이 있는 고민을 해야 하는 이유 중의 하나는 인간이 지닌 인지적 능력의 한계 때문이기도 하다. 이러한 인지적 능력의 한계를 인정하고 언제든지 내가 틀릴 수 있다는 가능성을 열어두는 오픈마인드 위에서 딥씽킹이 이루어져야 하는 것이다.

〈EBS 다큐프라임〉이라는 방송 프로그램에서 한 실험을 통해 '우리의 행동이 얼마나 많은 착각 속에서 선택되는지'를 보여준 적이 있다. 엘리베이터 안에서 피실험자에게 차가운 커피를 들어달라고 부탁한다. 피실험자는 면접실에 도착할 때까지 차가운 커피를 들고 있고, 면접실에 도착해 곧바로 한 남자를 면접한다. 이번에는 엘리베이터 안에서 다른 피실험자에게 따뜻한 커피를 들어달라고 부탁한다. 역시 피실험자는 뜨거운 커피를 들고 면접실에 도착해서 한 남자를 면접한다. 앞의 차가운 커피를 들었던 피실험자는 면접을 본 남자를 탈락시켰고, 뜨거운 커피를 들었던 피실험자는 면접을 본 남자를 합격시켰다. 실험이 끝난 후 인터뷰에서 전자의 피실험자는 남자가 냉정하고 차가운 느낌이 들었다고 말했고, 후자의 피실험자는 남자가 따뜻하고 좋은 사람으로 느껴졌다고 말했다. 하지만 이 두 사람에게 면접을 본 남자는 사실 같은 남자였다.

이렇듯이 오감마저도 우리의 심리에 영향을 미쳐 착각을 일으킨다. 우리는 생각보다 많은 경우에 착각을 하고, 또 인지적 오류를 범한다. 위의 방송 프로그램에서 진행한 또 다른 실험에서는 환자와 이야기를 나누던 의사가 바닥에 펜을 떨어뜨리고는 이것을 줍기 위해 책상 아래로 몸을 숨긴 다음, 숨어 있던 다른 의사가 몸을 일으켜 의자에 앉는다. 하지만 환자는 이를 알아채지 못했다. 심지어 이러한 동작이 세 번이나 반복되었는데도 환자는 끝까지 의사가 바뀌었다는 걸 알아채지 못했다.

인간의 인지 체계나 심리적 경향성은 우리에게 언제나 오픈마인드를 유지하고 겸손해야 한다는 점을 가르쳐준다. 데이터를 분석하고 노이즈를 걸러내는 단계에서 인지적 한계를 의심하지 않고, 자신의 주관적인 잣대를 들이대는 건 굉장히 경계해야 한다. 결론을 내리기 전까지 다양한 가능성을 열어두고 면밀하게 들여다봐야 한다. 그래야 다양한 관점에서 데이터를 분석하고 정확한 답을 도출해낼 수 있다.

구글에서는 채용을 위한 인터뷰를 할 때도 오픈마인드 측면을 굉장히 중요하게 본다. 아무리 성공 경험이 많아도 새로운 것을 받아들일 수 있는 포용성이 없다면 더 이상 성장하지 못하고 정체될 수밖에 없다. 우리는 지속가능한 성장을 위해서라도 '내가 모르는 것이 많을 수 있다'는 점을 늘 염두에 두어야 한다.

나는 스탠퍼드경영대학원 재학 시절 빌 바넷Bill Barnett 교수님에게 '회귀적 합리화retrospectively rationalize'라는 개념에 대해 배웠다. 회귀적 합리화란 이미 과거가 된 어떤 문제나 사건에 대해서 데이터들을 소급해 분석함으로써 인과관계를 밝히는 것을 뜻한다. 가령 지금 한국 경제 발전 속도가 굉장히 완만해졌는데 그 이유가 무엇인지를 알아내기 위해 과거의 데이터들을 집중적으로 분석해보는 것이다. 물론 이렇게 했을 때 대다수가 수긍할 만한 합리적인 이유를 찾아서 제시할 수도 있다. 그런데 빌 바넷 교수님은 '회귀적 합리화'는 귀납적 추론으로 결론을 도출하기 때문에, 이를 미래를 예측하는 데에도 똑같이 적용하면 오류를 범하거나 정확도에 큰 문제가 있을 수 있다는 점을 강조하셨다.

누군가 '꼰대'가 되지 않으려면 어떻게 해야 하느냐고 질문한다면 나는 "과거 경험을 토대로 인과관계를 해석하고 현상을 보려는 태도를 버리면 된다"라고 대답할 것이다. 물론 그런 분석도 필요하긴 하지만, 그건 어디까지나 수많은 가능성 가운데 하나일 뿐이라는 점을 절대 잊어서는 안 된다.

○ ● ● **당연한 것에 의문을 제기하기**

우리는 권위가 부여된 정보를 받아들일 때 별다른 의심을 하지 않고 믿어버리는 경향이 있다. 저명한 학자가 발표한 연구결과나 인플루언서가 쓴 글 혹은 오랫동안 사회적 통념으로 굳어진 것은 아무런 필터도 없이 그대로 받아들이기 쉽다. 이와 관련해 중요한 통찰을 주셨던 분이 삼성전자의 신광섭 그룹장님이다.

IBM에서 근무하다가 삼성전자로 이직한 지 얼마 되지 않았을 때였다. 신광섭 그룹장님과 '직접 홍보비와 파트너 지원금의 각 예산을 어떻게 배분할 것인가' 하는 문제에 관해 토론한 적이 있다. 직접 홍보비는 '냉장고는 삼성전자!'와 같은 직접적이고 직관적인 홍보 메시지를 전달하는 마케팅 활동에 사용되는 비용이고, 파트너 지원금은 냉장고 판매가 이루어지는 고객 접점의 협력사에 지원하여 판매를 촉진하기 위한 비용이다. 대부분 기업에서 직접 홍보비에 상대적으로 더 많은 예산을 할당하며, 일반적으로 7대 3 정도의 수준으로 배분이 이루어진다. 그런데 삼성전자는 마케팅 담당자들에게 자율성을 부여하기 위해 이 비율을 각자 조정해서 예산을 사용할 수 있도록 허용한 상태였다. 당시 나는 삼성전자의 방식이 상당히 진보적이고 올바른 방식이라고 생각했다. 개인의 역량에 따라서 시장이나 제품의 상황을 파악하여 결정할 수 있는 유연한 대처 방식이라는 판단이 들었던 것이다.

그런데 신광섭 그룹장님은 이렇게 말씀하셨다. "용민 님, 잘 생각해보세요. 마케터에게 예산의 비율을 자유롭게 조정하도록 권할 경우 자신이 좋아하거나 잘하는 분야, 혹은 쉬운 걸 하게 될 가능성이 높을 수 있어요. 그래서 막상 예산을 어떻게 쓰고 있는지 분석해보면 시장에 맞게 건강하게 비율을 적용해서 사용하는 경우가 거의 없다는 사실을 알게 될 거예요. 이런 상황에서는 오히려 회사가 시장 분석을 토대로 파트너 지원금의 범위를 정확하게 정해주는 편이 전체를 위해 효율적일 수 있습니다."

당시 나는 '직원에게 자율적으로 일할 수 있는 권한을 줄 때 더 창의적으로 일할 수 있고 성과도 더 높아진다'라는 전제를 당연한 이론인 양 맹신했던 것 같다. 사실 틀린 생각은 아니다. 하지만 어떤 경우에나 옳은 개념도 아니다. 삼성전자처럼 큰 조직에서는 예산 비율을 균일하게 맞춰주는 것이 시간 낭비를 줄이는 등 훨씬 더 효과적일 수 있다. 신광섭 그룹장님과 이야기를 나눈 후 자료들을 살펴보니 실제로 시장 상황과 제품 특성에 맞지 않게 9대 1 비율로 예산을 책정하는 마케터들도 있었다. 스스로 최적의 비율을 고민해야 하는데 결과적으로는 그렇지 못한 경우도 있었던 것이다.

스웨덴의 의사이자 통계학자인 한스 로슬링Hans Rosling은 유작 《팩트풀니스Factfullness》에서 자신의 신념과 일치하는 정보는 받아들이고 그렇지 않은 정보는 무시하는 '확증편향'의 위험성을 경고한다. 그러면서 인간에게는 '느낌'을 '사실'로 인식하는 비합리적 본능이 있다는 점을 지적한다. 한 가지 예가 '단일관점 본능'이다. 단일관점에서 세상을 보면 그 관점에 맞지 않는 정보를 볼 수가 없기 때문에 틀린 판단을 하게 된다는 것이다. 한스 로슬링은 똑똑하고 현명한 사람일수록 세상의 참모습을 정확하게 알지 못할 가능성이 큰데, 그 이유도 바로 그런 사람들일수록 확증편향이나 비합리적 본능이 크게 작용하기 때문이라고 설명한다. 결국 한스 로슬링이 전하고자 하는 메시지는 자신의 주관적인 신념이나 착각에서 비롯되는 비합리적 본능에서 벗어나 철저하게 '사실fact'에 근거해서 세상을 바라보아야 한다는 것이다.

실제로 우리는 대부분 사람이 '맞다'라고 생각하는 것이 알고 보면 틀린 것으로 판명될 때가 의외로 많다는 점을 경험으로 알고 있다. 그런데도 눈앞의 현상이나 문제를 깊이 고민하지 않고 너무 쉽게 판단해버리곤 한다. 주어진 정보와 데이터를 깊고 넓게 보려는 노력과 더불어 우리는 세상을 바라보는 자신의 관점과 방식을 늘 의심하고 새롭게 해야 한다. 특히 자신이 잘 알고 있다고 자신하는 분야에서는 전문성의 한계를 의식하고 확증편향에 빠져 중요한 데이터를 놓치지 않도록 늘 경계하는 태도를 견지해야 한다.

○●● 다수결과 평균의 함정을 경계하라

경제학 이론 가운데 '콩도르세의 역설condorcet paradox'이라는 것이 있는데, 다수결의 결정이 반드시 그 사회가 진정으로 원하는 것을 반영하지 못할 수도 있다는 의미로 '투표의 역설'이라고도 불린다. 투표의 역설에 따르면, 선거에서 후보가 난립할 경우 가장 많은 표를 얻은 사람이 당선되는 다수결 투표는 오히려 다수가 싫어하는 사람이 당선되는 역설적인 결과를 낳을 수 있다.

다수결 투표에 숨어 있는 함정을 처음 지적한 사람은 18세기 후반의 프랑스 수학자 마르키 드 콩도르세Marquis de Condorcet였다. 이러한 다수결의 함정을 피하기 위한 방안으로 제시된 것이 '보르다 산출법'인데, 이는 역시 18세기 프랑스의 수학자였던 장 샤를 드 보르다Jean Charles de Borda가 제안한 것이다. 보르다 산출법에 따르면 투표권자는 모든 후보자의 순위를 매기는데 각 순위에는 가점이 차등 적용된다. 후보자가 모두 5명이면 1위부터 5위까지 순위를 매기고, 1위는 5점을 5위는 1점을 가점으로 부여하는 식이다. 그런 다음 각 후보자가 받은 순위의 가점들을 합하여 최종 점수를 산출하고 당선자를 결정한다.

구글에서도 투표를 통해 다수결로 의사결정을 하게 되면 소수의견이 묻히기 때문에 가능한 한 모든 의견에 가중치를 두어 신중하게 의사결정을 하려고 한다. 우리가 간과하는 소수의견에도 매우 중요한 정보들이 숨어 있을 수 있기 때문이다.

구글에서는 또한 성과가 가장 좋은 사람과 더불어 성과가 가장 좋지 않은 사람도 주목하는데, 그래야 다양성이 보장되기 때문이다. 대개는 최고 성과자와 최저 성과자의 평균을 내서 기준으로 삼는 경우가 많다. 평균 이상에게는 인센티브를 주고, 평균 이하에게는 페널티를 주는 방식으로 성과관리가 이뤄질 때도 많다. 다수의 '공정함'을 위해서는 그것이 맞을 수도 있지만, 한편으로 평균은 현실을 왜곡할 수 있는 폭력적인 방법이 될 수 있다.

한스 로슬링은 《팩트풀니스》에서 이렇게 지적한다. "정보를 단순화하다 보면 오판하기 쉬운데, 평균도 예외는 아니다. 평균은 분산(서로 다른 숫자가 흩어진 정도)을 하나의 숫자에 숨김으로써 오판을 불러온다."

성과가 낮은 그룹의 패턴을 분석해보면 거기서도 우리가 배워야 할 것이 있다. 그들이 무엇을 잘못했는가를 분석하는 것이 아니라 조직이 어떤 점을 개선해야 그들이 더 높은 성과를 내도록 도울 수 있는가를 분석해야 한다. 나는 구글의 리더들에게 이런 태도가 있기 때문에 구글이 전반적으로 데이터 리터러시가 높은 조직이 될 수 있었다고 생각한다. 또한 개인적으로 구글의 이러한 철학에 깊이 공감하기에 나 스스로도 늘 견지하려고 노력한다. 다양한 목소리에 주목할수록 시간이 더 걸리고 번거로울 수 있지만, 이렇게 하는 것이 궁극적으로는 더 정확하고 올바른 결론을 이끌어낼 수 있기 때문이다.

Part 3에서는 딥씽킹을 토대로 문제의 근원을 찾아내고 창의적으로 해결하는 방법에 관해 알아보았다. 그리고 이 과정에서 가장 경계해야 하는 것이 인지적 오류로 인해 데이터의 함정에 빠지는 것이라는 점을 강조했다. 이어지는 Part 4에서는 딥씽킹을 통해 찾아낸 솔루션을 실질적으로 적용하는 과정에서 반드시 수반되어야 할 '컬래버레이션' 역량에 대해 살펴보고자 한다.

Collaboration

Part 4

**이타적인 사람이
더 크게 성공한다**

탁월한 아이디어가 탁월한 가치로 탄생하기까지는
많은 사람의 역량과 에너지가 함께한다.
좋은 아이디어를 혁신적인 결과물로 만들어내는 건
혼자의 힘으로는 불가능하다.

10 새로운 가치는
협업을 통해 만들어진다

○●● **멀리 가려면 함께 가라**

협업에 관해 이야기할 때마다 던지는 질문이 하나 있다. "어벤져스 군단이 모두 헐크였더라면 과연 지구를 구할 수 있었을까요?"

이 영화가 흥미로운 건 비단 화려한 그래픽효과나 숨가쁘게 전개되는 서사구조 때문만은 아니다. 두 시간 넘는 러닝타임을 독식하던 주인공들이 한데 모여 네가 잘났네 내가 잘났네 싸우고 헐뜯다가, 결정적인 순간에 팀플레이를 펼쳐 거악을 물리치는 과정이 묘한 카타르시스를 준다. 서로 다른 배경과 이야기를 가진 히어로들이 '내'가 아닌 '모두'를 위해 각자의 능력을 최고치로 끌어올려 실로 상상하기 어려운 시너지를 만들어낸다는 것. 〈어벤져스〉의 주인공들이 모두 헐크여서는 안 되는 이유다.

오늘날처럼 당장 내일을 예측하기 어려운 상황에서 창의적이고 새로운 가치를 창출해내려면 이렇듯 다양한 역량을 지닌 사람들의 협업Collaboration이 반드시 필요하다(조직론을 공부하는 사람이라면 우선 〈어벤져스〉 시리즈부터 정주행하라고 말하고 싶다).

전 세계 인재들이 모였다는 구글에서 일하다 보면 정말 뛰어난 사람들을 많이 접하게 된다. '어떻게 저런 생각을?' 하는 의문이 들 만큼 뛰어난 선후배님이 많아도 정말 너무 많다. 그런데 그분들이 내놓은 탁월한 아이디어good idea가 모두 현실화되는 건 아니다. 탁월한 아이디어는 어느 한 사람에게서 시작될 수 있지만, 그 아이디어가 탁월한 가치good value로 탄생하기까지는 반드시 많은 이의 역량과 에너지가 함께한다. 누군가 아무리 창의적인 아이디어를 지녔어도, 그 아이디어를 혁신적인 결과물로 만들어내는 건 혼자의 힘으로는 불가능하다는 얘기다.

그런 이유로 구글이 선보이고 있는 상품과 서비스 대부분은 6~7개 팀의 협업으로 탄생한다. 처음 프로젝트를 시작할 때는 과연 이게 가능할까 싶었던 것이, 서로 다른 팀의 협업을 통해 실현 가능한 모습으로 가시화되는 것을 나는 수없이 목격해왔다.

"어떤 문제든 15명만 모이면 해결된다"라는 말이 괜한 소리가 아니라는 걸 몸소 깨닫고 있다.

이제는 국내에서도 많이 상용화된 '구글 독스Google Docs'는 구글에서 지원하는 문서 공유 프로그램이다. 구글 독스의 가장 큰 장점은 여러 사람이 협업해 문서를 작성하고 이를 전 세계 모든 구글러와 공유할 수 있다는 데 있다. 웹 기반의 프로세서이기 때문에 실시간으로 공동 작업이 가능하고, 어디서든 공유할 수 있으며, 작성된 결과물은 자동으로 저장되어 문서를 잃을 걱정도 없다. 나는 이따금 회사 인트라넷을 접속할 때 "와!" 하는 탄성이 저절로 나오는 문서들을 보곤 한다. 언뜻 보기에도 창의성이 돋보이고 내용도 완벽해 과연 누가 만들었는지 자세히 들여다보게 된다. 궁금한 마음에 그 히스토리를 찬찬히 살펴보면, 세계 각국의 구글러들의 손길이 거쳐간 흔적을 금세 발견할 수 있다. 여러 사람의 아이디어가 거듭 보태져 최고의 산출물로 진화한 것이다.

하지만 진화는 이것으로 끝나지 않는다. 만일 누군가가 자동차 산업을 분석한 리포트에서 흠이라곤 찾아볼 수 없는 아주 직관적이고 멋진 그래프를 발견했다 치자. 그는 자기가 작성 중인 보고서에 그 그래프를 가져와 더 직관적으로, 더 멋지게 활용할 수 있다. 원작자에게 허락받을 필요도 없고 만든 사람도 소유권을 주장하지 않는다. "내게 부족한 것은 다른 사람으로부터 채운다"라는 협업 시스템 덕에, 자원의 한계에 구애받지 않고 마음껏 상상력을 발휘해 결국 본인도 예상하지 못한 최고의 가치를 창출해내는 것이다.

이런 협업 시스템의 근저에는 "이종의 것을 연결함으로써 훨씬 더 창의적인 결과물을 만들어낸다"라는 구글의 철학이 자리 잡고 있다. 구글은 검색엔진을 제일 먼저 만들었고 그다음 안드로이드, 유튜브, 머신러닝 등 끊임없이 새로운 것을 연결하면서 성장해왔다. 기존의 것과 새로운 것을 연결했을 때 어떤 시너지가 창출될 것인지 고민하는 것, 이 고민이 구글의 성장 역사를 써왔다고 해도 과언이 아니다.

구글에서는 효과적인 협업을 도모하기 위해, 각 팀이 서로의 성과를 적극적으로 공유하는 시스템을 구축하기도 했다. 어느한 팀에서 베스트 프랙티스best practice가 나왔을 때 이를 다른 팀과 협업하면서 공유하라고 권유하는 것이다. 그런데 그냥 공유하라고 하면, 성과를 낸 쪽에서 "우리가 차린 밥상에 남의 식구가 공짜로 숟가락을 얹네"라며 언짢아할 수도 있다. 이를 막기 위해 구글은 '밥상을 많이 차릴수록 보상을 더 준다'는 원칙을 세웠다. 베스트 프랙티스를 많이 공유할수록 보상 역시 많이 주는 것이다. 공유받는 쪽도 마찬가지다. 다른 팀이 만든 산출물을 더 적극적으로 많이 활용하는 팀 역시 많은 보상을 받는다. 베스트 프랙티스를 만들어 공유하는 팀과 이를 공유해 업무에 잘 적용하는 팀 모두가 보상을 받는 것이다. 이를 구글에서는 'best practice in and out'이라 부른다.

보상 체제를 예로 들었지만, 결국 중요한 것은 협업하는 과정에서 구성원들 스스로 '더 좋은 결과를 내고 있다', '내 역량이 커지고 있다'라는 자부심을 느끼는 것이다. 우리에게 필요한 진정한 협업은 그저 함께 둘러앉아 고상한 대화를 나누는 것도, 단순히 함께 일하는 것도 아니다. 함께 일하는 동료를 경쟁 상대로만 인식한다면 나 스스로 기대하는 궁극의 성장을 이룰 수 없다. 아프리카 코사족Xhosa 속담에 이런 말이 있다. "빨리 가려면 혼자 가고, 멀리 가려면 함께 가라." 서로 다른 역량의 결합이 만들어내는 에너지는 우리가 상상하는 것보다 훨씬 크다는 것을 잊지 않았으면 한다.

○ ● ●　**다름과 틀림은 다르다**

미국에서는 편의점이나 약국에서는 유전자를 분석하는 키트를 구입할 수 있다(한화로 약 10만 원이다). 타액을 넣은 키트를 유전자 분석 회사에 보내면 3~4주 내로 120여 개의 질병에 대한 위험도를 포함한 200개 이상의 유전적 특성을 분석해주는데, 여기에는 혈통에 대한 정보도 들어 있다. 내 경우 한국 선조의 유전자가 92.6퍼센트로 나왔는데, 사실 이런 케이스는 굉장히 드물다. 보통은 현재의 나와 전혀 상관없어 보이는 여러 민족의 유전자가 확인된다. 최근 한 국내 방송 프로그램에서 어느 남자 배우의 유전자 혈통 분석 결과를 공개했는데, 러시아 캄차카주에 사는 소수민족의 유전자가 발견돼 화제에 오르기도 했다.

우리 인간에게 DNA는 자신의 정체성을 구분 짓는 중요한 요인이다. 지극히 개인적인 정보라 잃어버린 가족을 찾거나 범죄자를 추적할 때 결정적인 단서가 되기도 한다. 우리가 서로를 구별할 수 있는 건, DNA에 담긴 정보가 저마다 다르기 때문이다. 그런데 이 DNA를 조금만 더 분석해 들어가보면, 대부분 인류가 유전적 혈통에서 공통분모가 있다는 사실을 알 수 있다. 다시 말해 우리는 고유한 독립적 개체이면서도, 서로가 보이지 않는 연결고리로 이어져 있는 존재이기도 한 것이다.

인종 차별 문제 같은 이슈를 토론하려고 혈통 이야기를 꺼낸 것이 아니다. 굳이 지면까지 할애해 유전적 혈통을 거론한 건 '다름'을 받아들이는 우리의 태도에 관해 이야기하고 싶어서다. 우리는 분명 서로 다른 존재이지만, 더 깊은 차원에서는 분명히 연결되어 있다는 사실을 기억했으면 한다. '다름'을 차별의 수단이나 불통의 이유로 여기지 말라는 뜻이다.

여러 국적의 사람들이 한데 모여서 일하는 구글에서는 다름을 인정하는 '오픈 마인드'를 아주 중요한 가치로 생각한다. 쉽게 말해 '다름'과 '틀림'은 다르다는 사실을 명확히 인지해야 하는 것이다. 다름different, diverse은 비교의 대상과 같지 않다는 뜻이고, 틀림wrong, incorrect은 합당한 기준에 맞지 않는다는 뜻이다. 그런데 사전적으로는 이 차이를 아는 사람들이 일상에서는 다른 것을 틀린 것으로 받아들이고 은연중에 이를 표현한다.

그래서 나는 채용 인터뷰를 진행할 때 다름을 받아들이는 태도, 즉 오픈 마인드를 장착하고 있는지를 최우선으로 본다. 자신과 다른 의견을 말하는 사람을 어떻게 받아들이는지, 자신의 생각과 다른 피드백을 어떻게 수용하는지, 차이를 '틀림'이 아닌 '다름'으로 받아들일 수 있는지를 살피는 것이다.

사실 '다름'을 받아들이는 건 불편하다. 그래서 능력이 뛰어난 사람 중 상당수가 혼자 일하는 것이 훨씬 편하다고 말한다. 하지만 나는 정말 출중한 사람은 다름을 받아들이는 불편을 잘 참는 사람이라고 생각한다. 아무리 똑똑한 사람이라도 모든 능력을 갖출 수는 없는 법이다. 그렇다면 더 나은 성과를 위해 내게 없는 강점을 가진 사람과 협력해야 하는데, 이를 위해선 다름에서 오는 불편을 감수해야 한다. 결국 남다른 성취를 이루고 한발 앞서 성장하는 사람은 기꺼이 타인과 함께하는 불편을 감내하면서 협업하겠다는 태도를 가진 이다.

이와 함께 기억해야 할 것은 '다름'을 받아들이고 타인과 함께하는 것이 단순히 불편한 과정으로 귀결되지는 않는다는 점이다. 물론 타인과 함께하는 과정에서 크고 작은 어려움이 따르는 점은 부정할 수 없다. 하지만 그런 불편함을 이겨내고 함께했을 때, 그로 인한 결과물은 혼자했을 때와 비교해 현격히 다른 가치를 창출해낸다. 즉, 다양성을 토대로 만들어진 앱과 플랫폼 서비스, 그밖의 다양한 기술들은 다양성을 갖출 수 없는 상황에서 만들어진 그것들과 비교해 사용자 편의성이 훨씬 높다는 것이다. 반대로 다양성이 부재한 토대에서 만들어진 결과물의 경우, 이를 불편해하는 사용자의 비율이 훨씬 높다는 것을 나는 현장에서 확인하곤 한다.

협업이 중요하다고 말하면 어떤 이는 "저는 내성적이라서요" 라며 고개를 젓는다. 남들과 어울리는 것이 어려워 협업이 부담스럽다는 뜻일 텐데, 협업은 내성적이든 외향적이든 성격과는 큰 상관이 없다. 다른 이와 함께 일해본 사람이라면 알겠지만, 우리 주변에는 외향적인데도 함께 일하기 어려운 타입이 있고, 내성적인 성향임에도 불구하고 함께 일하는 데 불편하지 않은 타입이 있다. 결국 협업의 성패는 성격이 아닌 개인의 의지에 달린 것이다. 내성적인가 외향적인가의 문제가 아닌, 스스로 협업을 통해 뭔가를 만들어내겠다는 의욕이 있는지가 중요하다는 뜻이다. 더 나은 가치를 창조하고, 더 나은 성장을 이루고 싶다는 목표를 확고히 한다면 태도는 자연스럽게 바뀌게 마련이다(뒤에 설명하겠지만 이에 대한 산증인이 바로 나다). '나와 일하는 방식이 다르고 생각하는 방식도 다르지만, 분명히 무언가를 배울 수 있겠구나' 하는 마음을 가져보자. 다양성을 인정하면서 배움의 대상으로 모든 상대를 바라보는 것. 그것이 협업의 시작이자 성장의 출발선이다.

○●● 궁극의 이기주의자가 되어라

인간은 과연 이기적인 존재일까, 이타적인 존재일까. 인간 본성에 대한 논쟁은 동서양을 막론하고 고대로부터 지금까지 계속되고 있다. 나는 대학원에서 조직행동학을 공부하면서 인간이란 존재는 반드시 이기적이지도 이타적이지도 않다는 관점을 갖게 되었다. 우리는 모두 이기적이면서 동시에 이타적인 존재이며, 사회화 과정에서 어떤 측면이 더 드러나거나 덜 드러나는 것뿐이다. 따라서 이기심이든 이타심이든, 더 나은 삶을 위해 개발하고 키울 수 있는 특성으로 바라보는 것이 훨씬 생산적인 관점이다.

우리 대부분은 타인의 성공보다 자신의 성공을 더 우선시한다. 이런 욕구를 이기적이라고 비난할 필요도 자책할 필요도 없다. 이기심을 긍정적으로 발전시키면 일차원적인 욕망을 넘어 자신의 가치를 소중히 여기게 되고, 더 성장하고 싶다는 욕구를 갖게 된다.

그런데 정말로 성장하고 싶은 사람일수록 '개인이 집단을 이길 수 없다'는 사실을 깨닫게 된다. 혼자의 힘으론 한계가 있다는 것을 알기에 타인의 말을 더 경청하게 되고, 경청하다 보니 겸손해지며, 겸손한 덕에 배울 기회를 더 많이 얻고, 그 결과 궁극의 성공에 가까워지는 선순환이 이루어진다. 이기심을 성장을 위한 동력으로 활용할 때 종국에는 이타주의와 만나게 되는 것이다. 하지만 이기심을 성장의 발판으로 삼는 일은 말처럼 쉽지 않다. 만일 그렇다면 타인과의 협업이 이다지도 어려울 리 있겠는가. 그래서 나는 강연에서 이렇게 말한다.

"내 욕구만 보지 말고, 다른 사람의 욕구도 살피세요. 내가 성장하고 싶은 만큼 다른 사람도 똑같이 성장하고 싶은 마음이 있습니다."

결국 협업을 막는 가장 큰 장벽 중 하나는 욕구와 욕구의 충돌에 있다. 이런 갈등을 막으려면 내 욕구뿐 아니라 상대방의 욕구에 대해서도 충분히 이해해야 한다. 스웨덴의 기업가 토마스 라르손Thomas Larsson은 한 강연에서 협업이 어려운 이유에 대해 "다른 사람들과 함께 일할 때 상대방이 이 정도 수준까지 해줬으면 좋겠다는 바람을 갖게 마련이지만, 막상 협업의 상대는 내가 원하는 대로 움직여주지 않기 때문"이라고 설명했다. 쉽게 말해, 상대방의 마음이 내 마음 같지 않다는 것인데, 정말 성장하고 싶다면 나의 성장을 이끌어줄 다른 사람의 마음을 잘 들여다볼 줄 알아야 한다. 상대가 어떤 특성을 지닌 사람인지, 그가 원하는 바가 무엇인지를 잘 이해할 때 비로소 성장을 위한 협업이 가능해지기 때문이다.

구글은 협업 문화를 중요하게 생각하고 구성원 각자의 협업 능력도 뛰어나지만, 서로를 '가족'이라고 표현하지 않는다. 대신 개개인의 성장 욕구를 인정하고 스스로 더 발전시켜갈 수 있도록 도움을 준다. 더 나아가서는 개인의 성장 욕구가 이타주의로 확장하도록 돕는 시스템이 여러 방식으로 마련돼 있다. '스파크 톡spark talk'이 대표적인 예다. 별다른 사안이 없더라도 정기적으로 팀원들이 한데 모여 편안하게 대화하는 시간이다. 일하기도 바쁜데 굳이 잡담하는 시간까지 마련하느냐고 반문할지 모르겠지만,

이 시간을 통해 구글러들은 서로를 더 깊이 이해하게 된다. 이때 중요한 건 강한 연대strong tie가 아닌 느슨한 연대weak tie를 형성해야 한다는 것이다. 억지로 이야기를 해야 한다는 강박 없이, 그저 물 흐르는 대로 소소하게 대화하다 보면 몰랐던 상대의 모습을 발견하게 되고, 그 과정에서 공감대가 만들어지며, 이는 결국 '나'를 넘어 '우리'를 생각하는 이타적인 마음으로 연결된다.

이타적인 관점으로 세상을 바라보면, 아주 가까운 곳에서부터 나의 성장에 도움이 되는 자양분을 만들 수 있다. 이타적인 관점을 갖는다는 건 상대를 이해하고 배려하려 노력하는 것이다. 그렇게 노력하다 보면 어느덧 문제해결에 있어서도 상대의 입장에서 고민하게 된다. 앞서 설명했던 '사용자 친화적' 관점을 갖게 되는 것이다. 이타적인 사람이 그렇지 않은 사람에 비해 훨씬 더 넓은 시각으로 현명해질 수 있는 이유가 바로 여기에 있다.

구글에서 배운 협업의 자세

○ ● ● **구글의 리더들이 팔로우십을 추구하는 이유**

구글에서는 '팔로우십followship'을 리더가 갖춰야 할 필수 덕목으로 본다. 팀을 이끌어야 할 리더에게 있어 팔로우십이란, 구성원 각자의 목소리에 귀를 기울여 그들이 제대로 성장할 수 있도록 도움으로써 진정한 성과를 창출하는 능력이다.

구글에서 채용 인터뷰를 할 때 중요하게 생각하는 것도 바로 이 부분이다. 인터뷰이가 과연 어떤 성향의 리더십을 갖고 있는지 알아보기 위해 여러 질문을 한다. 이때 만일 "**저**는 이런 일을 이렇게 했고, 그래서 저는 이런 성과를 만들어냈습니다"하는 식의 답변이 나오면 좋은 평가를 받기 어렵다. 물론 자기 PR시대에, 더욱이 채용 인터뷰 자리에서 스스로 일궈낸 결과물을 부각하는 건 중요하다. 그러나 그 과정에서 오직 개인의 업적만이 부각된다면, 다시 말해 '우리'라는 단어가 나오지 않으면, 이는 감점 요인이 될 수밖에 없다. 물론 몇몇 예외적인 경우도 있겠지만, 일단 성과라는 건 어느 한 개인의 능력으로만 창출되는 예가 많지 않기 때문이다. 있더라도 그 효과는 여럿이 만들어낸 것과 비교해 미약하다. 일단, 성과라는 건 대부분 어느 한 개인의 능력으로 창출되는 예가 많지 않다. 따라서 그 일이 이뤄지기까지 어떤 팀플레이가 이루어졌고, 그 협력에서 자신은 어떤 역할을 했는지를 중심으로 답변이 전개되어야 한다. 신뢰를 바탕으로 목표를 공유하고 서로의 성장을 도모하여 궁극적으로 조직 성과를 달성하는 것. 이런 리더십은 사실 리더를 포함해 팀원 모두에게 필요하다.

그래서 구글에서는 소위 관리자급 리더가 단독으로 의사결정을 하는 경우가 거의 없다. 오히려 주어진 권한을 적극적으로 이양해 조직이 유연하게 운영되도록 하는 데 노력을 기울인다. 직원들이 자유와 권한을 인정받아 행복하게 일할 수 있어야만 생산성이 높아진다는 걸 알기 때문이다. 구글에서 2009년에 발족한 '산소 프로젝트Oxygen Project'가 이를 잘 말해준다. '좋은 리더

야말로 조직의 산소와 같다'는 뜻으로, 좋은 리더의 요건을 알아
내기 위해 착수한 프로젝트였다. 꼬박 1년 동안 구글의 팀장급
이상에 관한 자료를 1만 건 이상 수집·분석한 결과 좋은 리더가
되기 위한 8가지 조건이 추려졌다(이후 두 가지 항목이 추가되었지
만 여기에서는 생략하기로 한다). 그 내용은 다음과 같다.

매니저를 위한 산소 프로젝트

① 좋은 코치가 되어준다.

② 팀원들에게 힘을 실어주고, 마이크로 매니지먼트(사소한 부분
까지 관리하는 것)를 하지 않는다.

③ 팀원의 성공과 복지에 대해 관심을 표현한다.

④ 생산적이고 성과 지향적이다.

⑤ (정보 공유를 포함해) 커뮤니케이션을 잘하고, 팀원 개개인의 말
에 귀를 기울인다.

⑥ 팀원들의 커리어 개발을 적극 지원하며, 성과를 논의한다.

⑦ 팀이 나아갈 방향에 대해 명확한 비전과 전략을 가진다.

⑧ 팀과 팀원에게 조언을 제공할 수 있는 핵심 기술 능력이 있다.

이 조건들은 중요도에 따라 순위를 매긴 것이다. 조사 결과에 따르면 팀원분들은 기술적인 우수성(전문성)을 가진 리더보다 대면 미팅을 자주 만들어 소통하고, 직원들의 삶과 경력관리를 뒷받침해주는 리더를 선호했다. 쉽게 말해 리딩leading보다 팔로우 follow에 능한 리더를 더 따른다는 얘기다. 오해할 여지가 있어 설명을 보태자면, ④에서 '성과 지향적'이라는 말은 조직이 원하는 목표, 즉 최종적으로 이뤄내야 할 성과를 분명히 제시한다는 뜻이다. 우리가 왜 이 일을 하는지, 이 일을 통해 조직이 얻고자 하는 바가 무엇인지 정확히 제시해 팀원 스스로 동기를 갖도록 돕는 역할을 하는 것을 말한다.

이렇듯 팀이 추구해야 할 성과를 분명히 한 다음에는 정말로 출근을 하든 말든 신경 쓰지 않는다. 새벽에 나와 일하고 점심 즈음 퇴근할 수도 있고, 저녁에 출근해 밤새워 일할 수도 있다. 핵심은 각자 가장 효율적인 방식을 찾아서 일하는 것이다. 매니저의 역할은 팀원들이 가지고 오는 결과물에 대해서 목표한 대로 되었는지 피드백을 해주는 것뿐이다. 팀원분들의 이야기에 귀를 기울인 다음 필요한 조언을 해주고 의사결정을 잘하면 된다. 리딩보다는 팔로우를 더 중요하게 여기고, 과정을 챙기기보다는 목표를 분명하게 제시하는 구글의 리더십은 〈포춘Fortune〉이 선정한 '가장 일하기 좋은 100대 기업'에서 구글이 6년 연속 1위를 차지할 수 있었던 비결이기도 하다.

하지만 리더로서 이런 요건을 갖추는 게 말처럼 쉬운 일은 아니다. '내 능력이 더 뛰어나니 내 말에 따라야 한다'는 사고방식으로는 진정한 팔로우십을 갖출 수 없고, 원하는 성과를 만들어낼 수도 없다. 팔로우십을 갖춘 리더로 성장하려면 우선 팀원 한 사람 한 사람을 개별적인 주체로 바라보는 자세가 필요하다.

나는 이런 리더의 자세를 멘토이자 상사인 구글 신정인 상무님에게 배웠다. 그분은 늘 자신보다 팀원의 입장을 먼저 생각하는데, 성과를 논의할 때에도 대의명분을 내세우기보다 팀원 한 사람 한 사람에게 무엇이 트리거가 될지를 고민하며 소통한다. 그분의 리더십을 어깨너머로 배운 나 역시 팀원분들과의 격 없는 소통에 적지 않은 노력을 기울이는 편이다. 한번은 회사의 매출 기준과 이에 따른 우리 팀의 최종 목표에 대해 팀원분들과 공유해야 하는 자리가 있었다. 자칫 무거워질 수 있는 주제를 두고, 나는 퀴즈 방송 프로그램을 진행하듯 상품을 걸고는 팀원분들에게 회사의 지향점을 제대로 알고 있는지 물었다. 근접한 답을 말한 팀원분들에게 정확도에 따라 요가매트, 폼롤러 등을 선물했는데(열심히 일하되 건강도 챙기라는 애교 섞인 뇌물이었다!) 반응이 나쁘지 않았다. 즐겁게 소통하는 중에 자리에 있던 모든 분이 팀의 목표를 각인할 수 있었고, 각 개인의 트리거를 움직이는 계기가 되었다.

　이런 소소한 노력을 기울이며 내가 깨닫게 된 것은 하나다. 어떤 목표를 향해 함께 노력하는 것, 즉 '따로 또 같이' 일하는 문화가 협업하는 분위기를 이끌어내고, 이것이 종국엔 한계를 뛰어넘는 성과로 드러난다는 점이다. 리더에게만 국한된 얘기인가 하면 절대 그렇지 않다. 내가 신정인 상무님께 배운 것을 팀원분들에게 적용했듯, 내가 행하는 팔로우 리더십은 은연중에 팀원분들 각자에게 전해지고 있다. 덕분에 우리 팀원분들은 배려하고 소통하는 문화를 은연중에 익히고 있다. 차세대 리더로서 어떻게 협업을 이끌어낼 수 있는지 학습하게 되는 것이다. '팔로우십'이 결국 '최고의 리더십'과 동의어가 될 수밖에 없는 이유가 여기에 있다.

○●● 피드백을 어떻게 할 것인가

　피드백을 얼마나 포용하는가 하는 부분도 협업의 관점에서 굉장히 중요한 요소다. 가끔씩 채용 인터뷰를 할 때면 피드백을 받아들이지 않는 분들, 즉 부정적인 피드백 앞에서 움츠러들거나 저항하는 분을 많이 만난다. 그런 반응을 보이는 분들을 보면 자신이 틀렸다는 것을 잘 인정하지 못한다는 공통점이 발견된다. 특히 성공 경험이 많을수록 그런 경직된 사고를 갖고 있는 경우가 많다. 그런 분들을 접할 때마다 나는 '꼰대'는 생물학적 나이와는 관계가 없다는 생각을 하게 된다.

오픈 마인드를 내재한 분들은 자신의 생각을 논리적으로 잘 설명하되 결코 단정적으로 결론을 내리지 않는다. 항상 자신이 틀릴 수 있다는 점을 염두에 두는데, 어떤 문제든 다른 각도에서 다시 생각하면 얼마든지 다른 결론이 나올 수 있다는 것을 알고 있기 때문이다.

피드백을 잘 수용하는 것 못지않게 피드백을 잘 전달하는 것도 중요하다. 회의실에서 흔히 목격할 수 있는 상황을 예로 들어 살펴보자. 한 직원이 신규 프로젝트에 대해 설명한다. 여기에는 어떤 기술이 어떻게 적용되는지, 어떤 프로세스로 진행되는지 등등 구체적인 정보들이 포함된다. 그때 누군가 굉장히 냉철한 목소리로 이런 피드백을 한다. "아, 그 아이디어는 좋은데요. 그런데 중간에 이런 기술적인 문제가 있을 수 있는데 그때는 어떻게 해결할 건가요?"

일면 냉정해 보이지만 단호한 그의 반문이 꼭 잘못됐다고 할 수는 없다. 더욱이 이런 피드백을 전할 경우, 그 주체는 경험이 많고 탁월한 직무 능력을 가진 사람일 가능성이 크다.

그러나 문제는 전체적인 분위기이다. 물론 이 질문으로 생산적인 답변을 끌어냈다면, 제 역할을 다했다고 할 수 있다. 그러나 그와 동시에 서로 자유롭게 의견을 주고받는 회의 분위기가 깨질 수 있다. 이 같은 이유로 구글의 회의에서는, 특히 신규 프로젝트를 위한 회의를 할 때는 이렇듯 부정하는 표현, 지적하는 표현을 되도록 신중히 경계한다. 회의를 마칠 때까지 모든 아이디어가 사장되지 않고 존중받는 것이 무엇보다 중요하기 때문이다.

문제를 함께 해결하는 분위기가 회의실 내에 유지되는 것이 중요하다. 한 사람은 문제를 제기하고 다른 한 사람은 문제를 해결하는 식이어서는 안 된다. 만일 기술적인 문제가 있다면 "이런 기술적인 문제가 있을 수 있으므로 우리가 어떻게 해결하면 좋을지 함께 생각해봐야 합니다"라고 의견을 제시하는 형태가 더 좋은 피드백일 수 있다. 그리고 그에 대한 아이디어까지 더한다면 금상첨화일 것이다.

○ ● ●   **성과를 높이는 심리적 안전감**

여러 사람의 역량과 에너지가 한 방향으로 잘 흐르게 해서 탁월한 성과, 혹은 비범한 가치를 창조해내려면 무엇이 가장 중요할까? 구글에서 조직 성과를 증대시키기 위한 실마리를 찾기 위해 높은 성과를 보이는 팀의 특성을 분석했는데, 그 결과를 다음 다섯 가지로 추렸다.

첫째는 '심리적 안전감psychological safety'이다. 팀원들이 위험을 감수하고 새로운 시도를 하거나 다른 팀원들 앞에서 약점을 보여도 안전하다고 느낄 때 높은 성과를 창출했다. 둘째는 '신뢰성dependability'이다. 이것은 팀원들이 서로 제시간 안에 정해진 일을 훌륭하게 마칠 수 있다고 믿을 때 성과가 높아진다는 것을 의미한다. 셋째는 '구조와 명확성structure & clarity'이다. 업무 구조가 꼼꼼하게 설계되어 팀원들이 각자의 역할, 계획, 목표에 대해 명확하게 인지할 때 높은 성과를 창출한다. 넷째와 다섯째는 각각 '의미meaning'와 '영향력impact'이다. 팀원들이 각자 맡은 업무의 가치를 높게 평가할 때, 그리고 그 업무로 인한 변화가 보일 때, 즉 영향력이 있는 일이라고 판단할 때 성과가 높아진다는 것이다. 이 다섯 가지는 개인적 차원보다는 팀의 차원에서 더 중요한 요인들이다. 그리고 그중 가장 중요한 비중을 차지한 것이 바로 '심리적 안전감'이다.

이 부분에서 많은 사람이 놀랍다는 반응을 보인다. 나머지 네 가지 요소는 대부분 기업에서 이미 적용하고 있는 것들인데, '심리적 안전감'은 전혀 예상하지 못했던 요소라는 것이다. 구글은 실제로 뛰어난 인재를 뽑은 뒤, 이들이 '심리적 안전감'을 느끼며 편안하게 일할 수 있는 분위기를 만드는 데 심혈을 기울인다. 사무실 환경을 개선하고 근무시간의 자율권을 강화하는가 하면, 집에서 일하는 것을 편안하게 생각하는 사람들에게는 재택근무를 적극적으로 권장한다. 단순히 재택근무를 권장하는 것이 아니라 실질적인 장애물들을 제거해서 정말로 '심리적 안전감'을 느끼며 일할 수 있도록 해주는 것이다.

가령 재택근무를 할 경우 화상회의를 많이 하게 되는데, 이때 인터넷이나 관련 설비가 불안전해서 자꾸 끊어지거나 목소리가 잘 들리지 않으면 어떨까? 집에서 일하는 것이 불편하고 불안해질 수 있다. 그래서 구글은 회사 회의실에 최고급 디스플레이와 스피커를 설치하는 한편 구성원 개개인의 인터넷 비용을 지원해주기도 한다. 구성원들이 편안함을 느끼도록 해주겠다는 확고한 의지가 회사 문화와 시스템 곳곳에 스며들어 있는 것이다.

하지만 내가 '심리적 안전감'이 정말 중요하다는 것을 피부로 느끼고 공감하는 순간은 회의 시간이다. 어떤 의견이 있는데도 회의 자리에서는 말하지 못하다가 동료와의 편한 자리에서 가볍게 이야기를 꺼내는 경우가 있다. 그러면 동료가 "괜찮은데? 아까 회의에서는 그 얘기 왜 안 했어?"라고 묻는다. 왜 이야기를 하지 못했을까? 혹시라도 의견을 이야기했다가 부정적인 피드백을 받을까 봐, 자신에 대한 인상이 안 좋아지고 평가에서 불리해질까 봐 등등 여러 가지 이유가 있을 것이다. 이렇게 '심리적 안전감'이 확보되지 않은 상황에서는 발언을 주저하는 사람이 생기게 마련이다.

그래서 구글에서는 중요한 회의를 포함해 자유롭게 토론하는 자리에서도 상대가 내놓은 의견을 무시하지 않는 것이 중요하다. 가끔 팀원분들의 잘못을 바로잡아주는 것이 자신의 역할이라고 여기는 매니저분들의 실수를 목도하곤 하는데, 만일 팀원분의 다른 생각과 의견을 접했다면 일대일로 대화하는 자리를 마련해 왜 그렇게 생각하는지에 대해 이야기를 들어볼 필요가 있다. 그런 다음 그 팀원분이 다른 관점에서 생각해볼 수 있도록 건전한 피드백과 방향을 제시하는 것이 중요하다.

협업을 하는 모든 관계에서 상대에게 '심리적 안전감'을 제공하는 일은 매우 중요하다. 그래야 모두가 성장할 기회를 박탈당하지 않을 수 있다. 상대에게 의견을 이야기할 기회를 빼앗는 사람은 다양한 관점을 가질 기회, 새로운 것을 공부할 기회를 저버리는 것이나 다름없다. 자신과 다른 관점이나 의견이 나오면 그걸 논리적으로 차분하게 반박하는 사람이 있는데, 당장에는 똑똑하게 보일 수 있지만 결과적으로는 아무런 이득을 얻지 못한다. 논리적이고 차분한 반박보다는 그 사람이 왜 그러한 생각을 하는지 질문하거나 혹은 자신의 의견을 공유하는 것이 훨씬 더 효과적으로 최선의 해결책을 만들어내는 방법이다.

○●● 'YES, AND' 원칙으로

비행기를 발명한 '라이트 형제' 이야기를 들어본 적이 있을 것이다. 라이트 형제의 집 뒤쪽은 굉장히 고운 모래사장이 있는 해변가였는데, 덕분에 비행 실험을 하다가 떨어지더라도 크게 다치지 않았다고 한다. 이런 환경이 바로 라이트 형제가 역사상 최초로 동력 비행기를 개발할 수 있었던 중요한 요인 중 하나였다.

어떤 조직에든 이러한 모래사장과 같은 환경이 조성되어야 한다. 무엇보다 매니저들은 팀원들에게 모래사장이 되어주어야 한다. 팀원들이 어려운 목표에 도전하고자 할 때 모래사장이 되어주는 매니저가 있다면 그야말로 날개를 단 것처럼 든든할 것이다. 결과적으로는 새로운 도전이 실패로 돌아갈지라도 조직 전체로 보면 실패만 남는 건 아니다. 도전 과정에서 겪은 시행착오는 조직의 성장을 위한 밑거름이 되어줄 테니 말이다.

구글에서는 이런 모래사장의 역할을 하는 원칙이 하나 있다.

이른바 'YES, AND' 원칙이다. 간단히 설명하면 상대가 어떤 발언을 하더라도 절대 "그렇지 않다", "내 생각은 다르다" 등의 말로 반박하지 않고 무조건 "맞다", "그렇다"라고 일단 인정하는 것이다. 그렇게 인정한 후에 비로소 자신의 이야기를 말할 수 있다. 예를 들어 누군가 "해는 서쪽에서 뜹니다"라고 하더라도 "네, 맞습니다. 그리고 해는 동쪽에서 뜹니다"라고 이야기해야 한다(아마 다른 사람들이 본다면 바보들이 대화하는 코미디 프로그램을 연상할 것이다).

이 'YES, AND' 원칙은 다음 세 가지 요소를 기반으로 구성된다. 첫째는 '신뢰trust'다. 자신의 취약점vulnerability을 공개하더라도 상대가 그것을 악용하여 나를 공격하지 않을 것이라는 상호 간의 믿음을 의미한다. 둘째는 '직면confront'이다. 신뢰가 바탕이 되면 자신의 의견을 솔직하게 드러내고 자유롭게 토론함으로써 상호보완을 강화할 수 있다. 셋째는 '헌신과 결과 중심commit & focus on the result'이다. 최상의 결과를 이끌어내는 데에 초점을 맞추고, 결론이 도출되면 이에 대해 책임을 다하는 자세를 갖는 것이다.

"네, 해는 서쪽에서 뜹니다. 그리고 해는 동쪽에서 뜹니다"라는 말은 사실 전혀 앞뒤가 맞지 않는 비논리적인 주장이다. 하지만 논의를 계속 진행시키다 보면 결국 올바른 방향으로 나아가게 된다. 나는 이 'YES, AND' 원칙의 효과가 매우 강력하다는 걸 자주 경험한다. 'YES, AND' 원칙으로 이야기를 나누면 소수의 의견이 묻히지 않고, 덜 다듬어졌지만 창의적인 아이디어 역시 사장되지 않는다. 또한 회의에 참가한 모든 사람에게 다양한 관점과 더불어 다른 각도에서 고민해볼 수 있는 기회도 제공한다. 그러면서도 올바른 답으로 나아갈 수 있다.

앞에서 퇴근 후 치맥집으로 모여드는 '스티브 잡스'에 대해 이야기했는데, 만일 그들이 일하는 회사나 조직에 이러한 'YES, AND' 문화가 있었더라면 어땠을까. 대박을 터트릴 수 있는 아이디어들은 치맥집이 아닌 회의실에서 거론되었을 것이다. 또한 그런 아이디어 중 몇몇은 여러 사람의 관점과 생각이 더해지면서 더없이 풍성해지고 결국 대박을 터트리는 아이템으로 발전되었을지 모른다.

○ ● ●　**신뢰의 힘은 생각보다 세다**

심리적 안전감과 'YES, AND' 원칙이 잘 지켜지기 위한 가장 중요한 토대가 조직 구성원 상호 간의 믿음, 즉 '신뢰'다. 이때의 신뢰는 'dependability'가 아니라 'trust'다. 누군가는 이런 의문을 제기할 수도 있다. "이익을 추구하는 조직에서 제각각 다른 욕망을 가진 인간들이 서로를 신뢰하는 것이 가능할까?" 하지만 신뢰는 결국 모두에게 이익이 되기 때문에 개인도 조직도 그 가치를 중요하게 여길 수밖에 없다.

와튼스쿨의 애덤 그랜트Adam Grant 교수는 저서 《기브앤테이크Give and Take》에서 사람을 세 부류로 나눴는데, 첫째는 받는 것보다 주는 것을 더 좋아하는 기버giver다. 둘째는 주는 것보다 더 많이 받으려고 하는 테이커taker, 셋째는 받은 만큼 상대에게 돌려주려고 하는 매처matcher다. 애덤 그랜트 교수의 설명에 따르면, 이 가운데 조직이 성과를 내는 데에 가장 큰 역할을 하는 사람은 기버다. 기버가 높은 성과를 내는 이유는 사람들로부터 높은 '신뢰'를 받고 있어서 필요할 때 도움을 받아 더 잘 협력할 수 있기 때문이다. 조직에서도 개개인의 신뢰는 성과 창출을 위한 중요한 요소인 것이다.

구글에서도 신뢰는 매우 중요한 가치다. 또한 그 기저에는 '윤리적인 마인드와 태도'가 있다. 함께 일하는 팀원이 윤리적인 마인드를 갖고 일하지 않으면 신뢰감이 형성되기 어렵다. 구글에서 윤리적인 마인드와 태도를 특히 중시하는 이유는 구글러들이 하는 업무 중 일부는 주어진 권한을 잘못 사용할 경우 사회적으로 굉장히 잘못된 영향을 미칠 수도 있는 것이기 때문이다. 따라서 구글은 윤리적 이슈에 대해서 굉장히 엄격하고 단호하게 대응한다. 성과가 잘 나오지 않는 사람과는 함께 일할 수 있지만, 윤리적이지 않은 사람과는 함께 일할 수 없다고 말할 정도다. 윤리적이지 않은 사람은 신뢰할 수 없고, 신뢰할 수 없는 사람과는 협업이 불가능하기 때문이다.

조직의 성과를 끌어올리려면 신뢰를 넘어선 '진정성'도 필요하다. 이 진정성이 밑바탕에 깔려 있지 않으면 신뢰 역시 언제라도 무너질 수 있는 모래성이 될 수 있기 때문이다. 그렇다면 진정성이란 무엇일까? 내가 생각하는 진정성은 '다른 사람의 성장을 진심으로 기뻐하는 마음', '저 사람이 있어서 나도 성장한다는 것을 알고 고마워하는 마음'이다. 겸손한 태도로 계속 성장하겠다는 의지가 기저에 있으면 어떤 상황에서도 신뢰를 기반으로 다른 사람과 친근하고 밀접한 관계를 맺을 수 있다.

어린 시절 아버지는 늘 내게 "괜찮다"라고 말씀해주셨다. 내게는 그 한 마디가 라이트 형제의 모래사장 같았는데, 내가 친구들과 싸웠을 때도 아버지는 "네가 친구와 싸운 데는 그럴 만한 이유가 있었을 거야"라며 믿어주셨다. 아버지의 이런 든든한 신뢰가 있었기 때문에 나는 스스로 부끄럽지 않기 위해 더욱 애썼고, 힘들고 어려운 상황에서도 끊임없이 성장하기 위해 노력할 수 있었다.

그 뒤 나는 김경훈 구글코리아 사장님에게서도 '신뢰의 힘'을 강하게 경험한 적이 있다. 언젠가 함께 일하는 동료로부터 이런 얘기를 전해 들었다. 얘기인즉슨, 어느 회의에서 한 클라이언트가 나에 대한 이야기를 꺼냈는데(당시 그 클라이언트는 내가 제시한 의견에 작은 오해를 갖고 있었던 것으로 추정된다), 그 자리에 있던 사장님이 이렇게 말씀하셨다는 것이다. "조용민 님이 그렇게 이야기를 했다면 거기에는 미처 전하지 못한 다른 의도가 있었거나, 아니면 의미 전달이 잘못된 것일 겁니다."

통상적으로 볼 때 그런 상황에서 리더는 대부분 클라이언트의 입장에 설 텐데, 김경훈 사장님은 오히려 그 자리에 함께하지도 않은 내 입장을 대변하셨다. 결국 그분의 말은 '우리는 조용민이라는 사람을 강력히 신뢰한다'는 의미였다.

당시 나는 누군가로부터 강한 신뢰를 받을 때, 그것은 그 무엇과도 견줄 수 없는 강력한 성장 동인이 된다는 사실을 몸소 체험했다. 일에 대한 의욕은 물론 그 신뢰에 부흥하는 사람이 되려는 노력을 지금도 멈추지 않고 있다.

결국 신뢰는 조직의 성과를 위해서뿐만 아니라 개인의 성장을 위해서도 꼭 필요한 자산이다. 내가 스스로 신뢰하는 사람이 되는 것은 물론, 함께 일하는 팀원들을 더욱 신뢰하고자 노력하는 이유가 바로 여기에 있다.

12 협업을 이끌어내는 커뮤니케이션

○ ● ● **협업에서 커뮤니케이션이 중요한 이유**

언젠가 어버이날을 맞아 동생과 함께 직접 음식을 만든 적이 있다. 요리엔 별 재주가 없던 터라 찌개와 계란찜을 주메뉴로 정하고, 유튜브 요리 크리에이터의 힘을 빌려 본격적인 재료 다듬기에 나섰다. 찌개 끓일 냄비를 가스레인지에 올린 뒤 계란 몇 개를 깨 볼에 담고 있는데, 곁에서 지켜보던 동생이 대파는 자기가 썰겠다며 도마를 식탁 위로 가져갔다. 하지만 동생이 썰어 온 파를 보는 순간 한숨이 터져나왔다. "찌개에 넣을 파를 이렇게 다진 거냐?" 동생 왈, "아니, 이건 계란찜에 넣을 건데?"

사실 내가 하려던 요리는 명란계란찜이었기 때문에 대파는 손톱만큼도 넣을 필요가 없었고, 결국 동생은 쓸데없는 일을 한 셈이었다. 더욱이 찌개에 쓸 대파마저 다져버린 바람에 근처 마트를 뛰어갔다 오는 수고까지 더해야 했다.

작은 해프닝이었지만, 협업 관점에서 볼 때 우리가 종종 저지르게 되는 실수다. 내가 동생에게 파를 어디에 쓸지 미리 귀띔해줬더라면, 혹은 파를 어떤 모양으로 썰지 동생에게 미리 확인했더라면 그런 시행착오는 사전에 막을 수 있었을 것이다. 사전에 '커뮤니케이션'을 하지 않았던 것이 동생과 나의 협업이 실패한 이유였다.

협업에서 '커뮤니케이션'은 매우 중요한 역할을 한다. 개인과 개인의 협업은 물론 팀과 팀의 협업, 기업과 기업의 협업에서도 중요하다. 혹은 고객과 협업하려는 마케터에게도 커뮤니케이션은 가장 중요한 도구이자 자원이다. 우리가 흔히 자동차 '핸들'이라고 부르는 것의 정확한 명칭은 '스티어링 휠steering wheel'인데, 이는 자동차의 진행 방향을 결정하는 조향 장치다. 커뮤니케이션은 바로 이 '스티어링 휠'과 같은 역할을 한다. 우리가 협업을 하는 이유는 서로 다른 역량을 가진 사람들이 공동의 목표를 함께 달성하기 위해서다. 따라서 협업을 할 때는 앞서 말했듯 참여자 모두가 공동의 목표가 무엇인지, 각자의 역할이 무엇인지 정확하게 이해해야 한다. 바로 이때 커뮤니케이션이 중요한 역할을 한다. 어떤 일을 하다 보면 크고 작은 여러 가지 변수가 생기게 마련인데, 이런 상황에서 흔들림 없이 목표를 향해 나아가기 위해서도 커뮤니케이션이 매우 중요하다.

커뮤니케이션은 무엇보다 협업의 가장 큰 걸림돌인 사일로silo, 즉 부서 간의 보이지 않는 벽을 제거하는 데도 중요한 역할을 한다. 또한 팀원들에게 동기부여를 하고 더 창의적으로 일할 수 있도록 돕는 리더십에서도 커뮤니케이션은 핵심적인 역할을 한다. 커뮤니케이션은 단순한 정보 전달보다는 설득이나 문제해결을 목적으로 하는 경우가 많다 보니, 커뮤니케이션 역량이 뛰어난 사람일수록 설득력과 문제해결력이 뛰어난 것은 당연하다.

커뮤니케이션의 구체적인 방법론으로 들어가기 전에 기본 체력에 해당하는 두 가지를 먼저 강조하고자 한다. 한 가지는 '사용자 관점'을 갖는 것이다. 즉 어떻게 표현하고 전달해야 상대에게 도움이 될지를 기준으로 커뮤니케이션 방식을 고민해야 한다. '사용자 친화적'인 관점이 빠져버린 커뮤니케이션은 상대를 설득할 수 없고 따라서 문제해결이나 협업에도 도움이 되지 않는다. 그다음은 '라포rapport'를 형성하는 것이다. 라포는 상대방과 형성되는 친근감 또는 신뢰감을 의미한다. 라포를 형성하는 것이 중요한 이유는 같은 말을 해도 훨씬 더 집중해서 귀를 기울이게 되기 때문이다. 가능한 긍정적으로 해석하려고 하기 때문에 설득도 훨씬 더 쉬워진다. 이제 커뮤니케이션의 구체적인 방법론에 대해 한 가지씩 살펴보자.

○●● WHY로 거절할 수 없는 제안을 하라

구글에서 이세돌 사범님과 알파고의 대국을 영화로 제작한 적이 있다. 〈알파고Alphago〉라는 제목으로, 구글의 기술과 플랫폼을 홍보하기 위한 목적에서 제작한 영화였다. 이에 관련된 분들을 초청해 상영회를 열기로 하고, 각 팀의 주니어급 팀원분들이 열심히 초청 메일을 썼다. 그런데 각 팀원분이 쓴 메일 내용이 천차만별로 달랐고 그 내용에 따라 결과도 크게 달랐다. 대부분 기업에서는 아무리 업무에 도움이 되는 것이라 해도 영화를 보기 위해 근무시간에 외출을 허락받는 것이 쉽지 않다. 그럴 만한 '이유'와 '가치'가 분명히 있어야 한다. 메일에 이를 잘 설명한 경우와 그렇지 못한 경우의 참석률이 확연하게 달랐던 것이다.

커뮤니케이션은 대부분 어떤 메시지를 전달해서 상대를 설득하고자 하는 목적, 다시 말해 마음을 움직여서 특정 행동을 이끌어내기 위해 이루어진다. 홍보나 마케팅의 영역에서는 더욱 그렇다. 그런데 설득을 통해 원하는 결과를 이끌어내기란 생각만큼 쉽지 않다. 사람의 심리는 생각보다 복잡하며 서로의 이해관계도 첨예하게 얽혀 있기 때문이다. 그래서 더더욱 이유와 가치에 대해 잘 설명할 수 있어야 한다.

비즈니스 미팅이나 세일즈를 할 때 자신이 준비한 내용을 설명하는 것, 혹은 자신이 팔아야 할 것에 대해 설명하는 일은 누구나 잘한다. 반면에 상대가 자신의 이야기를 들어야 하는 '이유'와 상대에게 줄 수 있는 '가치'를 전달하는 일은 생략하거나 어려워한다. 자동차 세일즈맨의 경우 자동차의 성능이나 옵션에 대해서는 전문가 수준으로 설명을 잘하지만, 정작 고객이 왜 다른 자동차가 아닌 바로 그 자동차를 구입해야 하는지, 그 자동차를 구입함으로써 어떤 가치를 얻을 수 있는지에 대해서는 생략하거나, 설령 전하더라도 진심을 다하지 않는다. WHAT에 대해서만 설명하고 WHY에 대해서는 전적으로 상대의 판단에 맡기는 것이다.

하지만 성과가 높은 사람들의 특징을 잘 살펴보면 그들은 언제나 WHY까지 준비한다. 그리고 WHY를 본론보다 앞서 이야기함으로써 상대로 하여금 절반 이상 설득당할 마음의 상태로 만들어버린다. 이야기에 귀를 기울이도록 유도하는 것이다. '거절할 수 없는 제안'을 하고 싶다면 '마음의 문'을 잘 열어야 하고, 그 방법은 WHY를 먼저 말하고 설득하는 데 있다.

구글 유튜브에서 가장 고민하는 주제 중의 하나는 '언스키퍼블unskippable', 즉 유튜브 사용자들이 영상을 보기 전에 나오는 '광고를 건너뛸 수 없도록' 하려면 어떻게 해야 할까, 하는 점이다. 사용자들이 skip 버튼을 눌러버리면 그 광고에서 전하고자하는 메시지를 전달할 수 없고, 광고의 목적을 달성하지 못하기 때문이다. 유튜브에서는 광고 영상을 5초만 보면 skip 버튼이 뜨는데, 5초간 무엇을 보여주느냐에 따라 언스키퍼블이 될 수도 있고 안 될 수도 있다. 그렇기에 구글에서는 광고주에게 광고를 제작할 때 이 5초 안에 WHY를 담으라고 조언한다. 그리고 그 광고를 보게 될 사용자들의 니즈needs와 취향을 겨냥할 수 있는 데이터 분석을 제안하거나, 구글의 다양한 기술을 활용해 사용자들의 눈길을 사로잡을 수 있는 방법론을 제시하기도 한다.

○●● **메시지를 전달하는 방법도 생각하라**

그렇다면 WHY는 어떻게 설명되고 어떤 방식으로 전달해야 할까? 앞에서 여러 번 강조했듯이 '사용자 관점'에서 내용이 구성되고 정확한 지점에 방점이 찍혀야 한다. 소비자 입장에서 그 제품이나 서비스가 필요한 이유와 그 제품을 사용하면 얻게 될 가치가 무엇인지 정확하게 설명해야 한다. 특히 사용자들마다 니즈와 불만사항은 제각각 다르기 때문에 세심하게 커스터마이징된 메시지를 전달하는 것이 중요하다.

자동차 브랜드 볼보Volvo의 사례를 보자. 볼보의 엠블럼은 안전벨트를 형상화한 것이다. 이 엠블럼을 보면서 사람들은 멋진 디자인이나 고성능이 아니라 '안전'이라는 이미지를 떠올렸다. 소비자에게 볼보는 안전을 상징하는 자동차의 대명사인 것이다. 그런데 코로나19 팬데믹 사태가 발생하고 사회적 거리두기가 불가피하게 지속되던 2020년 4월, 볼보는 아주 간단한 카피 문구를 소셜미디어를 통해 공개했다.

"Right now, the safest place to be isn't in a Volvo."

(바로 지금, 가장 안전한 곳은 볼보가 아닙니다.)

이 메시지를 읽은 사람들은 어떤 생각을 했을까. 볼보는 '집에서 안전하게 사회적 거리두기를 하도록 권장하는 캠페인' 역할을 톡톡히 하면서 기존의 '안전'이라는 이미지를 강화했다. 덕분에 코로나19 팬데믹과 같은 어려운 상황에서도 오히려 광고 효과를 극대화할 수 있었다.

미국 저가항공사인 버진아메리카Virgin America(2016년 알래스카 항공Alaska Airlines에 합병되었다)도 사용자 관점에서 제작한 기내안전 안내방송으로 뜨거운 호응을 얻었는데, 유튜브에 올라온 지 3일 만에 300만 조회수를 기록할 정도로 큰 화제를 불러 모았다. 2013년 처음 선보인 이 안내방송은 중독성 강한 노래와 경쾌한 춤 동작을 곁들여 기내 안전수칙을 유쾌하게 전달한다. 사실 이 영상에서 전달하려고 하는 내용은 이전과 별반 다를 것이 없다. 안전벨트는 어떻게 매야 하고, 비상 상황에서는 어떻게 대응해야 하는지 등 탑승해 있는 동안 숙지해야 하는 기본적인 기내안전 수칙들을 담고 있다.

하지만 전달 방식이 달랐다. 집중하는 사람이 별로 없을 만큼 상투적이었던 승무원들의 시연 장면이 아니라 재밌는 동작으로 승객들의 이목을 끌었고, 뿐만 아니라 브랜드에 대한 유쾌한 바이럴을 만들어냄으로써 홍보 효과도 톡톡히 냈다. 메시지의 전달 방식을 사용자 관점에서 고민하자 자연스럽게 '원하는 결과를 이끌어내는 커뮤니케이션'을 할 수 있었던 것이다.

나는 중요한 비즈니스 미팅이 있을 때에도 사소한 것 하나까지 놓치지 않기 위해 철두철미하게 준비한다. 특히 파트너사의 고민이 어디에 있는지를 정확하게 파악하려고 노력한다. 유튜브 광고를 하나의 대안으로 제안하더라도, 유튜브 광고를 보는 사용자

• 버진아메리카의 기내안전 방송 영상 •

가 몇 명인지 TV 광고에 비해서 얼마나 큰 효과가 있는지를 중점적으로 강조하지 않는다. 그 대신 유튜브가 그들의 고민을 어떻게 해결해줄 수 있는지를 더 명징하게 나타내는 메시지를 고른다.

그리고 좀 더 효과적으로 전달하기 위해서 자리 배치나 발표 순서를 신중하게 정하는 것은 물론, 사전에 여러 경로를 통해 파악한 정보를 바탕으로 파트너사에서 선호하는 분위기의 장소를 선정하고, 그들이 좋아하는 음료를 준비하는 등 인체공학적인 접근도 세심하게 고려한다. 가장 중요한 것은 상대방의 특정 행동을 이끌어낼 수 있는 트리거가 있어야 한다는 점이다. 핵심 메시지도 잘 정리했고, 분위기도 나쁘지 않았고, 발표도 매끄럽게 잘했더라도 거기서 끝이면 아무 소용이 없다.

그래서 나는 팀원분들에게 "발표를 멋있게 하는 건 누구나 할 수 있습니다. 다음날 '어제 말씀하신 그거 하려면 어떻게 해야 하나요?' 이런 전화를 받아야 진짜 잘한 겁니다"라고 이야기한다. 그것이 우리가 프레젠테이션을 철두철미하게 준비하는 이유이자 목표이니 말이다.

○ ● ● 단순한 호기심을 적극적인 관심으로 만들려면

목적 달성을 위한 커뮤니케이션 방법의 하나로 '티징 teasing'도 강조하고 싶다. 티징은 소비자들의 궁금증을 유발해 상품이나 다음 광고에 관심을 갖도록 하는 광고 기법을 가리킨다. 이러한 티저 광고의 핵심은 '호기심을 자극하는 것'에 있다. 그래서 무엇을 광고하는지 아예 밝히지 않기도 하고, 혹은 본래 메시지와는 전혀 상관없는 내용으로 허를 찌르기도 한다. 사람들이 많이 기억하는 티저 광고의 사례로는 SK텔레콤의 'TTL 시리즈', 마이클럽의 '선영아 사랑해' 등이 있다.

미국에서도 이런 티저 형식의 TV 광고를 자주 접할 수 있다. 가령 메이저리그 경기 생중계 방송에서 잠시 화면이 분할되면서 6초 분량의 광고가 나온다. 타자가 타석에 들어서서 배트를 이리저리 휘둘러보는 중에 아나운서가 불쑥 "잠시 듀라셀에서 할 이야기가 있답니다"라는 멘트를 건네고, 이어서 화면 한쪽에 듀라셀 광고가 나온다. 일반적인 TV 광고가 짧아도 15초, 길면 20~30초 분량으로 만들어지는 것을 감안하면 6초는 정말 짧은 시간이다. 하지만 스치듯 지나가는 짧은 시간이 오히려 사람들의 이목을 집중시킨다. 즉, 광고 화면이 보였다가 금세 사라져버리면 사람들은 "지금 뭐였어?"라면서도 호기심을 갖게 된다. 이런 효과를 노린 것이 바로 티저 광고다.

비단 제품 광고만이 아니다. 영화 홍보를 위한 예고편 영상도 6초짜리 티저 형식으로 많이 제작된다. 이 짧은 영상에 상당히 호기심을 자극하는 인상적인 콘텐츠를 담아내는 걸 보면 정말 놀라울 따름이다. 일반적으로 영화 예고편은 30초 내지 1분 30초 정도의 분량으로 제작되는데, 소비자들에게 이 영화를 볼지 말지 결정할 수 있는 충분한 정보를 제공한다.

그런데 비율로 따져보면 예고편 영상을 보고 실제 관람으로 이어지는 경우는 그리 많지 않다. 반면에 6초짜리 예고편은 호기심 때문에 관련 키워드를 유튜브나 포털사이트 검색창에 입력하게 만든다. 자연스레 해당 영화를 소개하는 사이트로 접속한 사용자들이 자신들의 단순한 호기심을 '관심'으로 전환할 수 있는 매력적인 콘텐츠를 접하게 되면 어떻게 될까? 실제 관람으로 이어지는 비율이 현저하게 높아질 것이다.

커뮤니케이션에 티징 기법을 사용할 경우 핵심은 궁금증을 자아냄으로써 더 알고 싶은 '호기심'을 자극하는 데 있다. 미국의 행동경제학자인 조지 로웬스타인George Loewenstein은 "인간의 호기심은 지식의 공백을 느낄 때 발생한다"라는 '공백 이론'의 창시자다. 우리 뇌에 질문이 들어오고 궁금증이 생기면 자연스럽게 공간이 생겨나고 자동적으로 그 공간을 메우려는 작업이 시작된다. 이 공간이 바로 '지식의 공백'이다.

조지 로웬스타인의 설명에 따르면, 인간은 지식의 공백을 느낄 때, 등을 긁고 싶은데 긁지 못할 때처럼 괴로움을 느낀다(영어 'teasing'의 사전적 의미에는 '성가시게 괴롭히는'이 포함되어 있다). 그리고 이 괴로움을 해소하기 위해 어떻게든 지식의 공백을 메우려고 한다. 그러니까 일단 호기심을 성공적으로 자극하면 사람들은 본능적으로 궁금증을 느끼면서 더 알고 싶어서 관심을 갖게되고 찾아보게 된다. 커뮤니케이션에 티징 기법을 활용할 때는 이러한 심리적 메커니즘을 잘 이해할 필요가 있다.

영상이나 이미지, 때로는 음악으로 상대의 감각을 자극하는 것도 티징 기법의 일종이다. 가령 나는 식사시간 직후에 프레젠테이션을 할 경우 일부러 발표 전에 아주 짧고 강렬한 비트의 음악을 먼저 들려줄 때가 있다. 이는 잠을 깨우는 방편이 되기도 하고, 프레젠테이션 내용을 포함해 발표자에 대한 호기심을 불러일으키는 효과도 있다.

○●● 관심을 행동으로 바꾸는 넛지 전략

물론 어떤 상황에서나 티칭 기법이 효과를 발휘하는 것은 아니다. 상황에 맞게 방법을 고르는 전략이 필요한데, 어떤 때는 '모범 보이기lead by example'가 실질적인 행동을 이끌어내는 넛지nudge가 되기도 한다. 넛지는 '(팔꿈치로) 슬쩍 찌르다', '주의를 환기시키다'라는 의미인데, 경제학적 의미로는 '타인의 선택을 이끌어내는 부드러운 개입'을 가리킨다. 말하자면 옆구리를 슬쩍 찌르는 것처럼 강압적이지 않은 방법으로 상대가 어떤 행동을 하도록 부추기는 것이다.

나는 어렸을 때 방 정리를 잘 안 했는데, 아버지는 그런 나를 보고 정리 좀 하라고 잔소리하시는 대신 정리정돈 기술에 관한 책을 슬그머니 책상에 놓고 나가셨다. 내가 책을 많이 읽었으면 좋겠다고 생각하신 어머니는 퇴근 후 집에 오시면 늘 먼저 책을 읽고 계시는 모습을 보여주셨다. 이렇게 부모님이 행동으로 보여주고 모범을 보임으로써 자녀를 훈육하는 것처럼, 상대의 행동을 이끌어내야 할 때 내가 먼저 그 행동을 하는 방식으로 커뮤니케이션을 하는 것도 효과적이다.

특히 리더로서 팀원들의 행동을 개선하고자 할 때, 혹은 좋지 않은 습관을 부드럽게 고쳐주고 싶을 때 이 '모범 보이기'가 매우 효과적인 커뮤니케이션 방법이 될 수 있다. 이 방법은 상대에게 직접적인 권유를 하지 않기 때문에 선택의 여지를 열어둠으로써 상대가 좀 더 능동적으로 행동할 수 있게 해준다. 가장 대표적인 것이 '인증샷'이다. 내가 먼저 했다, 이런 인증샷을 통해서 상대의 행동을 자연스럽게 이끌어내는 것이다. 이는 선거 참여를 유도하는 공익 캠페인에서도 자주 사용되고 있다.

어떤 메시지를 전할 것인가에 대해서 치밀하게 고민하는 사람은 많지만, 한 단계 더 깊이 들어가서 전달 방식까지 고민하는 사람은 그리 많지 않다. 결국 이 고민을 어디까지 했는가가 원하는 결과를 이끌어내는 커뮤니케이션과 그렇지 못한 커뮤니케이션을 가르는 결정적인 기준이 된다. 메시지 전달 방식을 고민할 때 어떤 도구를 사용할 것인가도 신중하게 고려할 필요가 있다. 지금 우리는 활자나 이미지보다는 영상을 통해 더 많은 콘텐츠를 소비하고 있다. 5G 시대가 되면 이제 시각뿐 아니라 오감을 이용해 콘텐츠를 소비할 수 있게 될 것이다.

오늘날 우리가 해결해야 할 문제는 훨씬 다양하고 복잡하며, 변화의 속도도 한층 빨라졌다. 이에 커뮤니케이션은 더 중요해졌고 그만큼 더 어려워지기도 했다. 잊지 말아야 할 점은 커뮤니케이션은 그 자체가 목적은 아니라는 점이다. 즉 커뮤니케이션은 협업을 위한 중요한 도구로 접근해야 한다. 우리가 협업을 하는 이유는 더 가치 있는 산출물을 만들어내기 위해서다. 커뮤니케이션의 목적과 방법론에 대한 모든 고민은 결국 우리가 협업을 통해 창출해야 할 최종 성과물을 겨냥하고 있어야 한다.

Beyond the Edge

Part 5

한계를 뛰어넘어
단단하게 성장하라

성장을 못 하는 이유는 시간이 부족해서가 아니라
'성장'에 방점이 제대로 찍히지 않았기 때문이다.
무엇이 필요한지 고민하고 그것을 채우기 위해 끊임없이 노력하자.
성장할 수 있는 '틈'이 보이기 시작할 것이다.

탁월한 성과를 내는 사람들의 공부법

○●● 성장에 방점을 찍어라

2016년 일본은 아시아 최초로 올림픽 육상 400미터 계주에서 은메달을 획득했다. 우사인 볼트Usain Bolt가 마지막 주자로 나선 자메이카에겐 선두를 내어줬지만, 강력한 우승 후보였던 미국을 0.02초 차이로 제친 것이다. 일본이 미국을 이길 수 있었던 비결은 무엇일까?

선수 개인만 놓고 보면 미국 선수들의 기록이 일본 선수들을 월등히 앞섰고, 승패를 뒤집기는 어려워 보였다. 속도를 올리는 데 한계를 느낀 일본팀은 계주시간을 단축하기 위한 일환으로 바통을 빠르게 전달하는 기술을 집중적으로 훈련했다. 바통을 전달하는 방법에는 바통을 위에서 아래로 내리면서 전달하는 오버핸드 패스와 그 반대의 언더핸드 패스 두 가지가 있다. 오버핸드 패스는 팔을 길게 뻗을 수 있다는 장점이, 언더핸드 패스는 속도를 줄이지 않으면서 바통을 받을 수 있다는 장점이 있다.

일본은 2001년부터 언더핸드 패스를 훈련했는데, 2008년 베이징올림픽 때는 언더핸드 패스를 유지하되 오버핸드 패스의 장점을 접목시켰다. 바통을 건네받는 선수가 허리 높이까지 팔을 들어 길게 뻗는 방식을 씀으로써 언더핸드 패스의 단점을 보완한 것이다. 그 결과에 대한 성과가 2016년 리우올림픽 은메달로 나온 것이었다. 나는 이 내용을 뉴스로 접하면서 한계를 뛰어넘어 성장하려는 노력이 어떤 결과를 낳는지를 돌아보게 되었다. 아무리 어려운 상황에서도 스스로 끈을 놓지 않고 노력하면 더 성장할 수 있는 '틈'을 찾아낼 수 있구나, 계속 성장하려는 노력이 결국에는 성공으로 연결되는구나 하는 확신이 들었다.

인기 스포츠 선수들에게 "프로 무대에 나와서 가장 욕심나는 건 무엇입니까?"라고 물으면, 그들 대부분이 '아마추어들의 연습 시간'을 꼽는다고 한다. 프로 무대에 나오면 그만큼 연습할 시간이 줄어드는데, 아이러니하게도 프로 무대를 직접 뛰어보니 자신을 계속해서 단련하는 것이 얼마나 중요한지 실감하게 된다. 자기 분야에서 '최고'라고 인정받는 선수일수록 매일 정해진 연습량을 채우는 것을 가장 중요하게 생각한다.

그런 점에서 일이 바빠 공부할 시간이 없다거나 자기계발할 시간이 부족하다는 것은 핑계일지 모른다. 일본의 계주 선수들이 0.02초의 틈을 만들어낼 수 있었던 것은 한계가 분명한 상황에서도 포기하지 않고 집요하게 방법을 찾아내 훈련했기 때문이다. 시간이 부족한 것이 아니라 아직까지 '성장'에 방점이 제대로 찍히지 않은 것이 아닌가 점검을 해볼 필요가 있다. 눈앞의 결과물보다 중요한 것은 성장하기 위해 무엇이 필요한지 고민하고, 그것을 채우기 위해 작은 노력들을 쌓아가는 과정이다.

구성원 각자가 성장에 방점을 찍으려고 노력하는 것 못지않게, 이를 뒷받침해주는 기업 문화도 중요하다. 구글에는 '겸업'에 대한 승인 프로세스가 별도로 있는데, 나는 이것이 구글 문화의 큰 장점이라고 본다. 무엇보다 성장을 중시하는 철학이 있기에 가능한 문화라고 생각한다. 다른 회사에서는 인재 유출을 우려해서 겸업을 금지하기도 하는데, 구글에서는 퇴사할 사람은 어차피 퇴사할 것이기 때문에 오히려 구성원들이 겸업을 통해 더 공부하고 성장하는 방향으로 가는 편이 더 낫다고 판단하는 것이다.

이는 회사에도 이익으로 돌아온다. 직원들은 공부와 경험을 통해 업무를 통해서는 얻지 못하는 새로운 인사이트를 얻게 되고, 직원들의 새로운 인사이트가 모이면 회의 내용이 풍부해지고 창의적인 해결책이 도출될 가능성이 훨씬 더 커진다. 개인의 성장에 방점을 찍어주는 문화는 결국 기업에 더 많은 이익으로 돌아오는 것이다.

○ ● ●　**나에게 맞는 성장 목표를 정하라**

단기적인 성공보다는 지속가능한 성장에 방점을 찍기로 했다면, 이제는 자신에게 맞는 성장 목표를 정하는 것이 중요하다. 사람마다 성공의 의미가 다르기에 성장 목표도 제각기 다르게 마련이다. 목가적인 분위기 속에 살면서 바리스타로 일하는 걸 성공이라고 생각하는 사람도 있고, 대기업에서 CEO의 지위까지 올라가는 것을 성공이라고 생각하는 사람도 있다. 어떤 사람은 무엇을 하든 돈에 얽매이지 않으면서 살 수 있는 '재무적인 자유'를 성공이라고 믿기도 한다. 성공의 의미를 어떻게 정의하느냐에 따라 성장의 방향과 목표는 달라질 수밖에 없다.

개인적인 이야기를 해보자면, 내게 성공이란 '선한 영향력goodwill impact을 미치는 사람이 되는 것'이다. 그래서 내 성장 목표는 '공부해서 남 주자'다. 공부해서 남 주는 것이야말로 선한 영향력을 미치는 가장 좋은 방법이라고 생각하기 때문이다. '공부해서 남 주기'를 성장 목표로 정하고 나니, 공부할 때 내용을 이해하는 데에서 멈추는 것이 아니라 배운 것들을 어떻게 해야 쉽게 설명할 수 있을지, 어떤 사례를 들어야 명쾌하게 핵심을 전할 수 있을지 등을 계속 고민하는 것이 습관이 되었다. 더욱이 다른 사람에게 알려줄 지식을 '내 것'으로 확실하게 흡수하기 위해, 이른바 '완전히 씹어서 삼키는' 수준으로 끊임없이 공부하게 되었다.

이처럼 성장 목표를 분명히 정하고 나면 구체적으로 어떤 노력을 해야 하는지도 알게 된다. 사실 나는 대중 앞에서 이야기하고 강연하는 걸 좋아하지 않았고, 잘하지도 못했다. 학창시절은 물론 성인이 돼서 강연회에 참석하더라도 자발적으로 손을 들어서 질문하는 일은 늘 피해왔다. 그런데 '공부해서 남 주자'라는 성장 목표를 분명하게 정하고 나니, 강연할 기회가 왔을 때마다 '힘들지만 한번 해보자'라는 마음을 먹게 되었다. 특히나 구글 세미나에서의 발표는 구글의 메시지를 대변하는 역할이기에, 팀원분들로부터 굉장히 첨예하고 철저한 검증을 받은 뒤 진행하게 된다. 이렇듯 고통스러운 작업이 따르지만 막상 도전해보니 그리고 몇 번 부딪쳐보니, 강연이야말로 학습한 내용을 체화하는 데 가장 좋은 방법이자 빠르게 성장하는 최적의 방법임을 알게 되었다.

재미있는 건 '공부해서 남 주자'라는 성장 목표를 이루기 위해 시작했던 강연 활동이, 나 자신의 성장 외에 뜻밖의 효과를 가져다주었다는 점이다. 지금까지 나는 외부 강연으로 받은 강연료 전액을 사회복지 공동모금회인 '사랑의 열매'에 기부해왔다. 더불어 회사에서 받은 보너스와 주식 일부, 팀원들이 상으로 준 금액 등을 더해 꾸준히 기부를 이어왔고, 고액기부자 클럽인 아너 소사이어티Honor Society에까지 이름을 올리게 되었다. 앞으로도 소정의 강연료를 전액 기부할 생각이다. 기부 활동을 하며 얻는 보람과 기쁨이 내 삶에 또 다른 활력을 불러일으키고 있는 것이다. 특히 기부처를 방문해 그분들과 함께할 때면, 더 많은 분에게 도움을 주기 위해서라도 내가 더 나은 사람으로 성장해야겠다는 생각을 하게 된다.

그래서 나는 성장 목표를 정할 때 자신이 좋아하는 일, 자신에게 기쁨을 주는 일과 연결해보라는 이야기를 덧붙이고 싶다. 내가 좋아하고 기쁨을 느낄 수 있는 일이 내 성장에도 도움이 된다면 그 시너지는 배가 된다. 내게는 '공부해서 남 주기'가 바로 그렇다. 나는 공부해서 남 줄 때 가장 행복하고 전율을 느낀다. 그런데 '공부해서 남 주는' 일을 통해 기부하는 기쁨까지 누릴 수 있으니, 내가 일구는 성장의 깊이는 가히 무한대라 할 수 있을 것이다.

그런 의미에서 성장 목표를 정할 때는 무엇보다 자기 자신을 잘 알아야 한다. 내가 어떤 사람인지, 무엇을 통해 진정한 기쁨을 느끼는지 정확히 파악할 필요가 있다. 줄곧 문제를 해결하려면 사용자 관점에서 고민해야 한다고 말해왔는데 그런 자세를 '유저 프렌들리user friendly'라고 한다면, 성장 목표를 설정할 때는 '셀프 프렌들리self friendly'한 관점이 필요하다. 내가 나 자신을 생각하는 일이 쉬울 것 같지만 의외로 그렇지 않다. 자신에 대해 모른 채 살아갈 때도 많고, 심지어 자신을 알아야 한다는 사실조차 잊어버릴 때가 많다. "나는 뭘 가장 좋아하지?"라는 질문을 던져본 적이 마지막으로 언제인지 기억하고 있는지, 이 질문에 답하기 위해 시간을 내어 에너지를 쏟아본 적이 있는지 생각해보길 바란다. 자신에게 질문하고 답을 찾아가는 과정에서 분명 스스로 행복을 느낄 수 있는 성장 목표를 찾아내게 될 것이다.

○●● 당당하게 훔치기

지금까지 우리는 대체불가능한 사람이 되기 위해 필요한 세 가지 역량, 즉 트렌드 새비, 딥씽킹, 컬래버레이션에 대해 살펴봤다. 이 핵심역량들을 온전한 내 것으로 체화하려면 자신만의 성장 목표를 명확하게 설정하는 것과 함께 앞으로 이야기할 세 가지 '공부법'을 항상 의식하고 습관화해야 한다. 이는 내가 매일 상기하고 마음에 새기는 것이며, 나뿐만 아니라 끊임없이 성장하고 공부하는 사람들이라면 모두 실천하고 있는 습관이기도 하다.

첫 번째는 '당당하게 훔치기steal with pride'다. 구글에서 너무나 자주 쓰이는 이 영어 표현을 직역하자면 "자부심을 갖고 훔쳐라"인데, 다른 사람의 기술이나 노하우를 배우고 벤치마킹하는 데 적극적이어야 한다는 뜻이다. 물론 기존의 결과물에 자신만의 아이디어를 얹어 새로운 가치를 만들어내는 것도 중요하다. 하지만 주제와 방향에 적합한 영감을 얻기 위해 외부에서 벤치마킹하는 작업도 필요하다.

자신의 성장에 도움이 되는 재료, 즉 지금 하는 일을 더 잘하기 위해 필요한 것이 있을 때 다른 사람에게 도움을 요청하기를 부끄러워하지 말아야 한다. 나이나 경력은 문제가 되지 않는다. 매니저 역시 팀원에게 배울 수 있다. '나보다 경험이 부족하고 나이도 어린데, 이런 걸 물어보면 너무 창피하지 않을까?' 하는 생각을 넘어서야 한다. 개인마다 경험해본 것이 다르고, 똑같은 경험을 했더라도 얻은 인사이트가 다르다. 내가 알지 못한 것을 팀원이 알 수 있는 상황은 너무도 당연하다. 오히려 물어보지 않아서 정작 보탬이 될 수 있는 정보를 놓치는 상황이 안타까운 일이다.

언젠가 팀원분이 발표를 할 때 굉장히 인상적인 툴을 활용해 제작한 자료를 보여준 적이 있다. 파트너사를 위해 준비하고 있는 내 기획안에도 적용하면 나쁘지 않을 것 같아 회의가 끝나자마자 자료를 만들 때 사용한 툴이 무엇인지, 어떻게 쓸 수 있는 건지 조심스레 물었다. 그랬더니 "아, 다른 분들도 많이 물어보시더라고요"라면서 설명을 해주었다. 이미 다른 사람들도 적극적으로 배우고 있었던 것이다.

트렌드 새비하려면 경청하는 것이 중요하다고 했는데, 다른 사람들과 소통하면서 새로운 문화와 기술에 대한 정보를 얻을 수도 있다. 벤치마킹에 '성장'이라는 방점을 찍으면 그다음부터는 할 수 있는 일들이 눈에 보이기 시작할 것이다. 내가 배우고 싶은 역량을 갖춘 사람이 있다면 당당하게 찾아가 도움을 요청하고 질문하자. 스스로 끊임없이 성장할 수 있는 동기를 불어넣게 될 것이고, 이것이야말로 진짜 공부다.

○●● **열정과 끈기 가지기**

두 번째는 '열정과 끈기'다. 영어로는 'uncomfortably

exciting'인데, 번역하자면 '편하지 않은 흥분 상태' 정도일 것이다. '흥분 상태'라는 것은 무언가를 해내려는 의지, 무언가를 배우려는 열정이 충만한 상태로 이해할 수 있다. '편하지 않아야 한다'라는 말은 일정 수준 이상의 노력을 해야만 달성할 수 있는 '약간 높은' 목표를 설정하라는 뜻이기도 하다. 이를 두 단어로 간단하게 정리한 것이 바로 '열정과 끈기'다.

펜실베이니아대학교 심리학 교수 앤젤라 더크워스Angela Duckworth는 《그릿GRIT》에서 성공하는 사람들의 특성을 네 가지로 설명한다. 성장 마인드셋Growth Mindset, 회복탄력성Resilience, 내재적 동기Intrinsic Motivation, 끈기Tenacity 이렇게 네 가지인데, 각각의 첫 글자를 따서 만든 단어가 'GRIT'이다. 이 책에서 앤젤라 더크워스는 성공의 비결을 재능이 아니라 'GRIT'으로 표현되는 열정과 끈기의 조합이라고 설명한다.

나는 'GRIT'이라는 개념을 접하면서 표현하는 방식은 다르지만 그 기본은 'uncomfortably exciting'과 유사하다고 느꼈다. 아무리 똑똑하고 유능한 사람이라도 열정과 끈기를 바탕으로 공부하고 성장하려는 태도가 없으면 탁월한 성과를 거두기 어렵다. 실무 기술이 현란한 사람보다는 쉽게 포기하지 않는 열정적인 사람이 훨씬 더 멋진 산출물을 만들어낸다. 내가 경험한 사례를 함께 살펴보려고 하는데, 회사 이름을 밝힐 수 없으므로 A사와 B사로 표현하겠다. 두 회사 모두 반도체를 생산하는 회사다.

반도체장비 중에 24시간 가동하는 롤러가 있는데, 어느 시점이 되면 이 롤러에 균열crack이 발생한다. 이 틈이 심각해지면 롤러를 교체해야 하는데 그동안은 반도체 생산 작업을 중단해야 한다. 그래서 이 롤러를 교체하는 최적의 타이밍을 찾는 것이 굉장히 중요하다. 너무 빨리 교체하면 소모되는 롤러의 개수가 늘어나니 비용이 올라가고, 너무 늦어지면 공정 자체에 오류가 생겨 불량품이 발생하거나 다른 장비마저 고장이 날 수 있다. 이 최적의 타이밍을 예전에는 사람이 관찰하고 판단했는데, 지금은 인공지능이 대신할 수 있다. 그런데 기계가 이 타이밍을 정확하게 측정하려면 균열의 순간을 포착한 이미지 데이터를 지속적으로 축적해야 하고, 이를 바탕으로 딥러닝해야 한다.

정확한 타이밍을 읽어내기 위한 데이터를 축적하기 위해 A사와 B사에 "롤러에 균열이 발생해서 불량이 난 경우의 사진이 2,000장 이상 필요합니다"라고 요청을 드렸다. 그랬더니 A사는 이미지 데이터가 2,000장 이상 쌓이려면 6개월 정도 걸리니 6개월 후에 다시 협의를 진행하자고 답해왔다. 반면에 B사는 보유하고 있던 200장의 사진을 유의미하게 쪼개서 2,000장 가까운 이미지 데이터로 재생산해주었다. 롤러에 균열이 생겼을 때 다양한 형태와 모양의 균열이 동시다발적으로 생기는데 이런 부분들을 세부적으로 나누면 각각 하나의 데이터가 된다. 같은 균열이라 하더라도 다른 각도에서 찍으면 또 다른 이미지 데이터가 된다. B사는 일단 이렇게 진행해도 되는지 문의한 후 계속해서 이미지 데이터를 확보하겠다고 답해왔다.

A사와 B사의 차이는 어디에 있을까? 똑같은 재료를 가지고 어떻게 활용하느냐에 따라 문제는 곧바로 해결될 수도, 그렇지 못할 수도 있다. 나는 이 사례를 회의에서 이야기한 적이 있는데 그때 회의석상에 있던 한 분이 그것은 '끈기'의 문제라고 말씀하셨다. 눈앞의 문제를 해결하겠다는 의지를 갖고 얼마나 깊이 고민했는가의 차이라는 의미였다. 이것은 사실 '딥씽킹'과도 맞닿아 있는 부분이다.

그분은 이어서 이렇게 말씀하셨다. "B사의 경우 어떻게든 데이터를 모아보기 위해 이렇게도 해보고 저렇게도 해보는 과정이 있었을 겁니다. 그런데 A사는 적극적으로 밀어붙이지 않았어요. 단순히 6개월 후에 하는 것으로 결론을 내려버렸죠." 이 말을 듣고 나는 고민의 깊이 측면에서만 보자면 딥씽킹의 차이지만, 일을 처리하는 과정을 놓고 보면 끈기가 어느 정도인가의 문제라는 걸 깨달을 수 있었다. 끈기는 힘들어도 포기하지 않고 끝까지 노력하는 힘이며, 실패 앞에서도 좌절하지 않고 끈질기게 견뎌내는 힘이다. 열정이란 것도 사실 끈기를 바탕으로 할 때 생산적인 추진력으로서 더욱 가치를 발할 수 있다.

한국의 대표적인 예능 피디라고 불리는 나영석 PD가 프로그램의 성공 비결을 묻는 질문에 이렇게 대답한 적이 있다. "어떤 프로그램이 잘되는 것, 어떤 연예인이 잘되는 것, 그리고 제가 꾸준히 인기 예능을 만들 수 있는 것, 모두 무언가를 엄청 잘해서가 아니라 좋아하는 걸 꾸준히 버티면서 했기 때문에 그런 결과를 얻을 수 있었던 것 같습니다."

나는 '좋아하는 걸 꾸준히 버티면서 하기'는 '열정'과 '끈기'라는 명사를 잘 풀어서 설명해준 동사라고 생각한다. '버틴다'라는 것을 단지 생존을 위한 수동적인 방어자세로 이해하지 않았으면 좋겠다. 내가 생각하는 '버틴다', 즉 끈기는 오히려 가장 공격적인 방법론이다.

세계 최고의 자동차를 만든다는 비전과 철학을 90여 년간 계승해오고 있는 영국의 수공 자동차 제조사 벤틀리 모터스Bentley Motors의 생산 슬로건은 "남들이 중단한 데서 우리는 출발한다We Start Where Others Stop"다. 나는 버텨서 끝까지 해내는 끈기가 바로 이런 것이라고 생각한다. 남들이 "아, 이만하면 됐어"라고 말할 때 그 한계선을 초월해 계속 매진하는 것, 어떤 고난이나 풍파가 와도 굴하지 않고 그 일을 지속가능하게 해내는 것. 그것이 바로 생존을 넘어 진정한 성장과 성공으로 이르게 하는 전략이다.

○ ● ● 솔직하게 인정하기

세 번째는 '솔직하게 인정하기completely honest'다. 자신의 단점이나 취약점을 정직하게 드러내는 것을 말하는데, 사실 쉽지 않은 일이다. 하지만 있는 그대로의 모습을 보여줘야 나에게 필요한 피드백을 받을 수 있고, 그런 기회를 놓치지 않는 사람이어야 더 많이 공부할 수 있고 더 빠르게 성장할 수 있다.

구글에서는 다양한 국적의 직원들이 일하는 만큼 커뮤니케이션의 상당 부분을 영어로 진행한다. 그렇기에 영어 실력이 수면 위로 떠오를 때가 있다. 팀원분 중에 자신이 구글에서 영어 실력이 제일 형편없다고 걱정스럽게 말하는 분이 있었다. 이 말을 듣고 사람들이 흉을 보거나 무시할 것 같지만 전혀 그렇지 않았다. 오히려 이 팀원분이 영어로 쓴 메일이나 문서를 작성하면 주변 사람들이 먼저 나서서 검토를 해주었다. 한국인 팀원분들끼리 이야기할 때는 한국어를 자연스레 사용하는 경우가 많은데, 이 팀원분과 함께할 때는 "우리 영어로 이야기하자"라며 일상생활에서 영어를 자주 사용하도록 틈틈이 도와주었다. 영어에 자신 없던 팀원분의 실력이 일취월장으로 좋아질 수밖에 없었다.

성장하려는 사람은 '솔직하게 인정하기'에서부터 출발해야 한다. 다이어트를 할 때 어떤 사람은 쉬쉬하면서 감추고, 어떤 사람은 공약까지 내걸면서 사방에 공표하고 다닌다. 어떤 쪽이 다이어트에 성공할 확률이 높을까? 당연히 후자가 높다. 주변에서 모두 알고 있으니 식사할 때도 "어, 오늘은 다이어트 안 하시나봐요?" 이렇게 가벼운 농담이지만 긴장을 늦추지 않도록 상기해주는 말을 듣게 되고, 또 다이어트에 성공한 경험이 있는 사람들과 이런저런 정보를 더 많이 공유할 수 있게 된다.

구글은 매년 컨퍼런스를 주최해 구글에서 제공하는 상품과 서비스에 대한 방향성과 새로운 기능을 소개하는 키노트 세션을 갖는다. 구글의 메시지를 전하는 자리인 만큼 엄청난 공력을 쏟아 철저하게 준비하는데, 사전에 스크리닝screening을 열 번 넘게 진행할 때도 있다. 체력적으로 지치고 정신적으로도 압박을 받는 자리이지만, 나에게 키노트를 맡아달라는 요청이 들어오면 언제나 하겠다고 손을 든다. 키노트를 준비하는 과정에서 굉장히 다양하면서도 세심한 피드백을 받을 수 있기 때문이다.

발표할 내용, 사용하는 어휘나 표현, 발음뿐 아니라 "지금 그 고개 각도는 조금 거만해 보이는 것 같아요"라는 사소한 제스처까지 피드백의 대상이 된다. 내가 하는 모든 행동이 가감 없이 노출되고 빠짐없이 점검받게 된다. 또 내 취약점들을 솔직하게 인정하고 수용하는 과정이 반복되다 보니 꼼짝없이 배우고 성장할수밖에 없다. 얼굴이 빨개지고 심장 박동이 빨라지고, 식은땀이

날 때도 다반사다. 하지만 이 기회가 아니면 어디에서도 받을 수 없는 피드백을 들을 수 있으니, 돈 들이지 않고 엄청난 고액 과외를 받는 것과 다름없다.

자신의 부족한 점을 솔직하게 인정하는 것도 중요하지만, 반대로 자신이 잘하는 것도 솔직하게 인정하는 자세 역시 필요하다. 여러 사람과 일할수록 서로 잘하고 있는 것을 솔직하게 말해주고 더 잘할 수 있게 독려해주는 것이 중요하다. 이는 우리가 평소에 간과하던 부분을 다시 한번 되짚어볼 수 있는 기회를 제공하기도 하는데, 그런 이유로 나는 팀원분들에게 어떤 것을 강조하고 싶을 때 일부러 내가 잘한 부분을 언급하기도 한다. 가령 "이번 컨퍼런스에서 내가 가장 잘한 건 파트너사의 CEO들이 이동하는 데 혼란스럽지 않게 동선을 효율적으로 설계한 것입니다"라고 이야기한다. 그러면 팀원분들은 발표를 잘한 것이 아니라 동선 설계를 잘한 것을 '잘한 일'로 꼽는 것에 굉장히 놀라워한다. 그러면서도 실제 현장에서는 동선 설계도 신경 써야 하는 중요한 문제라는 인식을 갖게 된다.

함께 일하는 동료 입장에서 각자 자신이 무엇을 잘하는지 솔직하게 털어놓고 이야기하는 것은 서로에게 공부할 기회를 주는 셈이 된다. 결국 공부할 기회를 놓치지 않기 위해서는 자신의 약점을 솔직하게 인정하는 것도 중요하지만, 자신의 강점을 필요한 순간에 적절하게 인정하고 드러내는 것도 중요한 것이다. 우리는 누구나 완벽하지 않다. 누군가는 잘하는 일을 내가 못한다고 해서 내가 틀린 것은 아니다. 그 누군가와 내가 다른 것뿐이다. 그 반대도 마찬가지다. 내가 잘하는 일을 누군가는 잘하지 못한다고 해서 그것이 그 누군가를 비난하거나 깎아내릴 이유가 되지 않는다. 우리는 서로 '다른' 사람들일 뿐이고, 그렇기에 강점이든 약점이든 솔직하게 드러내고 인정함으로써 그것을 공부할 기회로 삼는 것이 결과적으로는 성장을 위한 가장 현명한 방법이라 할 수 있다.

○●● 가장 좋은 교재는 '사람'이다

"자기 자신에 대해서 간단하게 설명해보세요." 구글의 채용 인터뷰를 진행할 때 인터뷰이에게 많이 건네는 질문 중 하나다. 어떤 사람은 아주 자신 있게 자기 소개를 시작하는데, 가만히 들어보면 이력서에 쓴 내용을 그대로 나열하듯 말하는 경우가 많다. 자신이 좋아하는 것이나 취미에 대해 말하는 사람도 있다. 그런데 어떤 사람은 태어나서 자기 자신에 대해 한 번도 생각해보지 않았던 것처럼 어떻게 말해야 할지 모르겠다며 진땀을

뺄 정도로 어려워한다.

나는 '최근에 만난 다섯 명의 사람'이 나 자신을 설명해준다고 생각한다. 매일 만나는 가족이나 친구, 직장 동료를 제외하고 어떤 사람을 만났는가를 살펴보면 자신의 관심사와 성장 목표가 확연히 드러난다. 여기서 '만났다'라는 표현을 반드시 커피숍 같은 특정 장소에서 만나 이야기를 나누거나 함께 무언가를 하면서 시간을 보낸 것으로만 생각하지 않았으면 좋겠다. 최근에 뇌과학에 대한 관심이 생겨서 미국 뇌과학자의 TED 강의를 열심히 보고 있다면, 영상으로 만난 그 미국 뇌과학자를 자신이 만난 사람으로 꼽을 수도 있다.

나는 삶을 변화시키고 성장을 꿈꾸는 사람에게 가장 좋은 교재는 '사람'이라고 믿는다. 우리는 주변 환경에 지대한 영향을 받으며 살아가는데, 그중에서도 가장 크고 직접적인 영향을 받는 것은 사람이다. 그래서 나는 '멘토'에게 배우는 것을 굉장히 중요하게 생각한다. 나에게 지금 필요한 역량들이 무엇인지 고민하고 각각의 역량과 관련된 분야에서 멘토들을 찾는다. 그리고 그 멘토들을 닮으려고 노력하면서 공부한다.

원래 멘토mentor는 호메로스Homeros의 대서사시 《오디세이Odyesseia》에 등장하는 영웅 오디세우스Odysseus의 친구 이름이다. 오디세우스가 트로이 전쟁에 출정하게 되었을 때 자신의 아들을 가장 믿을 만한 친구에게 부탁하게 됐는데, 그가 바로 멘토다. 멘토는 오디세우스의 아들 곁에서 선생이자 부모, 또 친구로서의 역할을 충실히 수행하며 그를 훌륭하게 성장시켰다. 그러한 이유로 지금도 멘토를 훌륭한 선생님, 즉 나를 성장시켜 주는 사람을 뜻하는 말로 사용하는 것이다.

지금도 나는 더 공부하고 싶고, 단단하게 채워서 성장하고 싶은 영역이 많기 때문에 늘 멘토를 찾는데, 앞서 말했듯 반드시 멘토와 멘티가 직접 만나는 형태로 한정 지어 생각하지 않는다. 지금은 콘텐츠 제작자와 소비자가 양방향 소통이 가능한 시대다. 기사를 보고 나면 댓글을 달 수 있고, 유튜브에서도 라이브 방송을 보면서 질문할 수 있다. 이런 시대에 직접 사람을 만나야만 멘토링이 이뤄지는 것은 아니다. 멘토의 동영상 강의를 찾아보고, 그 아래에 댓글로 질문해볼 수 있다. 멘토가 출연한 TV 프로그램이나 책을 보고 궁금한 점을 메일로 질문할 수도 있다. 온라인에서 다양한 상호작용이 가능한데 오프라인이라는 제약에 갇혀 있을 이유가 없다. 그렇기에 얼굴 한번 본 적 없는 광덕 식당 사장님도 멘토로 삼고 배울 점을 찾아서 공부할 수 있는 것이다.

그렇다면 자신에게 필요한 멘토는 어떻게 찾아야 할까? 멘토를 찾기 전에 먼저 자신에게 필요한 역량이 무엇인지부터 파악해야 한다. 지금 필수적으로 배워야 하는 영역은 무엇인지, 지금 하는 일과 연관되어 개선해야 하는 점은 무엇인지, 괄목할 만한 성장을 위해 어디에 집중해야 하는지 등 자기 자산에 대한 철저한 분석이 필요하다. 나아가 한 명의 멘토가 모든 역량을 갖고 있진 않기 때문에 각각의 영역에서 최적화된 멘토들을 찾는 것이 좋다.

다음의 표는 내가 최근에 작성한 멘토표다. 나는 현재 계발하고 싶은 역량을 5가지로 정했는데, 트렌드 새비, 커뮤니케이션, 셀프 브랜딩, 리더십, 피트니스가 그것이다. 그리고 영역별로 멘토들을 정했다. 이 가운데 내가 개인적으로 잘 아는 분도 있지만 알지 못하는 분들(또는 존재도) 있다.

나는 '리더십'이라는 카테고리를 만들면서 리더십을 발휘할 때 필요한 요소들을 세부적으로 나누고, 각각에 맞는 멘토들을 찾았다. 몸소 실천하는 모습으로 묵직한 카리스마를 보여준 수컷 고릴라(뒷부분에서 자세히 다룰 것이다)에게서는 '행동하는' 리더십을, 누구보다 팀원들의 생각을 존중하는 김경훈 구글코리아 사장님에게는 '경청하는' 리더십을, 소속 가수들의 개성을 끌어내기 위해 열정을 쏟아붓는 박진영 JYP 엔터테인먼트 대표에게는 '창의적인' 리더십을 배우는 등 각각의 리더십을 대표하는 멘토들을 찾아 그들의 강점과 장점을 분석하고 따라 하려고 한다.

트렌드 새비	커뮤니케이션	셀프 브랜딩	리더십	피트니스
최태원 SK 회장님	김태원 구글 전무님	신정인 구글 상무님	고릴라	지안 루카바치
신광섭 삼성전자 그룹장님	아버지	유재석 님	김경훈 구글 사장님	지누션 션 형님
김선희 매일유업 대표님	정재승 교수님	브랜드 Supreme	BTS의 RM	권태길 대표님
데니스 홍 교수님	뉴욕대학교 스콧 갤로웨이 교수님	마이클 조던	JYP 박진영 PD님	박형성 코치님
스탠퍼드대학교 빌 바넷 교수님	송길영 바이브컴퍼니 부사장님	김민철 야나두 대표님	버락 오바마	성시경 님

• 5가지 역량을 나눠 만든 멘토표 •

내가 나만의 5가지 핵심역량을 도출해내고 멘토표를 만들었듯이 여러분도 자신에게 필요한 역량이 무엇인지 고민해보고 각각의 멘토를 찾아내길 바란다.

○●● 지속가능한 성장, 행복한 성공

구글에서는 스스로 지속가능성을 확보할 수 있는 사람만이 살아남을 수 있다. 구글의 조직 문화가 비교적 자유롭기는 하지만 업무 강도가 느슨한가 하면 전혀 그렇지 않다. 소위 '빡세게' 일하는 사람이 정말 많다. 나 역시 근무시간에는 전화도 제대로 받지 못할 만큼 바쁘게 일한다.

구글은 직원 복지에 많은 재원과 에너지를 쏟는 회사다. 그런데 외부에서 보기에는 좀 의외라고 생각될 수 있는 부분이 있는데, 바로 '워라밸work and life balance'을 일부러 강조하지는 않는다는 점이다. 워라밸이 중요하지 않아서가 아니다. 일과 삶의 조화로운 균형을 유지하는 것도 중요하지만, 일과 삶의 영역을 '분리'해야 한다는 데 초점이 맞춰지면 오히려 더 지치게 만들 수 있기 때문이다. 나 또한 그 개념에 은근히 배어 있는 '워킹은 나쁜 것이고, 라이프는 좋은 것이다'라는 인식에 동의하기 어렵다.

나는 구글에서 주당 80시간이든 90시간이든 미친 듯이 일에 몰두하는 사람을 본 적이 있는가 하면, 이번 분기에는 쉬면서 템포를 조절해야겠다고 마음먹고 법정근로시간인 주당 40시간보다 훨씬 적게 일하는 사람을 본 적도 있다. 물론 이렇게 할 수 있는 이유는 사람을 뽑을 때부터 외적인 통제가 없어도 스스로 목표를 정확하게 설정하고 일을 찾아서 할 수 있는 역량을 보기 때문이다. 가끔 자신을 제어하지 못해 일에 너무 몰입하는 경우는 본 적이 있어도, 그 반대의 경우를 본 적은 없다. 나는 너무 달리기만 하는 팀원분들에게는 '지속가능하게 일하기' 위해서 템포를 조절해야 한다고 조언한다.

지속가능하게 일하기 위해서는 속도를 잘 조절해 최상의 에너지를 유지하는 것도 중요하지만, 더욱 중요한 것은 나와 타인 모두에게 이로운 일을 하는 것이다. 자신을 포함해 누군가에게 해로운 일은 오랫동안 지속가능하게 성장해나가는 것을 어렵게 만든다. 우리는 어려운 업무를 성공적으로 완수해서 보상을 받을 때도 기쁘지만, 힘들어하던 동료가 부쩍 성장하는 모습을 지켜보면서도 커다란 행복을 느낄 수 있다. 행복하게 일하는 동료들이 많아지면 조직 내의 행복지수가 올라가고, 그 혜택과 이익은 내게도 반드시 돌아온다. 누군가를 패배자로 만들어버리는 성공은 길게 보면 성공이 아닌 경우가 많다. 모두가 승자가 되는 방식으로 일을 하는 것이야말로 지속가능한 성장을 위한 지름길이다.

일이 되게 하는 사람들의
일하는 법

○ ● ●　**일을 잘하는 것과 되게 하는 것의 차이**

　　구글에서는 구성원 전체를 대상으로 조직에 대한 방향성과 만족도에 대한 의견을 들어보는 설문조사를 종종 진행한다. 회사를 일하기 좋은 곳으로 만들려면 이 설문조사에 최대한 많은 구성원이 참여해야 하지만, 강요할 수는 없다. 그래서 매니저를 비롯한 리더들은 팀원들의 참여를 독려하는 것이 중요한 임무다. 가장 쉽게 생각하는 방법이 설문조사에 응한 사람들에게 적절한 보상을 주는 것이지만, 사실 이런 방법은 큰 효과를 거두지 못할 때가 많다.

그렇기 때문에 특히 담당 부서에서는 설문조사 참여율을 높이기 위해 상당히 고심한다. 왜 그러한 조사를 하는지에 대한 당위성을 논리적으로 잘 정리하고 파워포인트를 활용해 시각적으로 아름답게 만들어 전체 구성원들에게 메일을 보낸다. 메일을 열어본 사람들은 멋진 파워포인트 자료를 보며 생각할 것이다. '이분 일 참 잘하는 분이네.' 문제는 그런 생각이 들었다고 해서 설문조사에 참여하느냐 하면 반드시 그렇지는 않다는 것이다. 다시 말해 일을 '잘하긴' 했지만 '되게 하진' 못한 것이다.

일을 잘한다고 해서 반드시 성과가 창출되지는 않는다. 일을 되게 해야 산출물이 만들어진다. 일을 되게 한다는 것은 '사람의 마음을 움직여서 원하는 행동을 이끌어내는 것'이다. 그러려면 사람들이 무엇을 원하고, 무엇에 반응해서 행동하는지 제대로 파악해야 한다. 사람들이 원하는 것을 정확하게 겨냥해서 트리거를 당겼을 때 비로소 일이 제대로 되는 경험을 할 수 있다.

2020년 상반기에 설문조사를 진행했는데 놀랍게도 96.4퍼센트의 응답률이 나왔다. 구글에서 이러한 설문조사를 시작한 이래 가장 높은 응답률이 나온 것이다. 무엇이 트리거가 되어 구성원들의 마음을 움직였을까? 구글 서울오피스에서 리더로 계시는 두 분이 아주 유쾌한 공약을 내걸었다. 응답률이 80퍼센트를 넘어가면 분장을 하겠다는 공약을 내걸고 영화 〈조커Joker〉의 남자주인공 사진을 올려놓았다. 그랬더니 구성원들이 무척 흥미로워하고 기대하면서 설문조사에 참여했다. 바쁘다, 귀찮다, 의미를 모르겠다 등등 모든 핑계를 극복할 만큼 충분히 재미있는 공약 이벤트였다.

물론 대의명분에 마음이 움직이는 사람도 있다. 이 부분을 고려해야 하지만, 한편으론 재미있고 유쾌하다는 이유로 움직이는 사람이 많다는 점을 간과해서는 안 된다. 구글에서도 '주인의식'과 같은 명분을 강조할 때가 있지만, 그런 경우 적극적인 반응을 얻은 경우가 많지 않았다. 그래서 구글 서울오피스의 두 리더분이 웃음과 재미에 포인트를 둔 이벤트로 새로운 시도를 했고, 이것이 오히려 구성원들에게 확실한 참여 동기를 제공한 것이었다.

비즈니스 회의를 준비할 때 나는 팀원분들에게 "우리 멋있어 보이려고 하지 맙시다"라는 소리를 가끔 한다. 아무리 프레젠테이션을 멋있게 끝내도, 파트너사의 의사결정권자를 설득하지 못했다면 그 회의는 결론적으로 실패한 것이기 때문이다. 조금 덜 멋있어 보이더라도 설득을 해냈다면 그게 일을 잘한 것이고, 일이 되게 한 것이다.

반드시 일이 되게 하겠다고 결심했다면 그다음 단계에서 필요한 것은 '결과에 집중하는 것'이다. 최종적으로 달성해야 할 목표가 무엇이고, 산출물로서 만들어내야 할 핵심 성과가 무엇인지 명확히 해야 한다. 자신이 만들어내야 할 결과가 무엇인지 정확하게 인지하면 무엇을 어떻게 해야 할지가 보인다. 설문조사 응답률을 높이는 것이 목표라면 대의명분을 강조하는 것보다는 재미있는 이벤트를 하는 것이 좀 더 사용자 친화적인 좋은 해결책이었던 것처럼 말이다.

과정을 체험하는 것 자체가 목표인 경우도 있긴 하다. 성장을 이뤄내기 위해 공부하는 기나긴 과정들이 대부분 그런 경우다. 하지만 '일이 되게 하려면' 과정에 매몰되지 않고 반드시 결과를 중심에 놓고 판단해야 한다. 이 말을 "모로 가도 서울만 가면 된다"는 식으로 해석해서는 안 된다. 과정도 중요하다. 과정 없이 성공적인 결과가 '툭' 하고 하늘에서 떨어지는 건 아니니 말이다. 다만 목표로 하는 결과가 확실해야 올바른 방향으로 성장하고, 종국에는 원하는 것을 얻을 수 있다는 점을 기억해야 한다.

○ ● ●　**일을 하는 이유를 잊지 않는다**

멘토링 세션이 있어서 광주로 출장을 갔을 때 경험한 일이다. 당시에도 코로나19 확산 방지를 위해 전국적으로 '사회적 거리두기'가 철저하게 시행되고 있었다. 그래서 기차역에 사람들이 많지 않았다. 광주 송정역에서 내려 택시를 탔는데 기사분이 자신의 택시 경력에서 한 시간 넘게 손님을 기다려본 적은 처음이라고 말씀하실 정도였다.

멘토링을 무사히 마치고 교수님과도 즐겁게 이야기를 나눈 뒤에 서울로 돌아가기 위해 다시 송정역으로 왔다. 기차 출발 시간까지 여유가 있었다. 마침 배도 고팠기에 주먹밥을 사려고 기차역 근처 식당에 들어갔는데, 역시 테이블 대부분이 비어 있었다. 나는 카운터에서 계산을 하고 선 채로 주먹밥이 나오기를 기다렸다. 직원분은 주먹밥을 포장할 얇은 봉투를 벌리려 애를 쓰고 있었다. 그런데 봉투가 잘 벌어지지 않자 착용하고 있던 마스크를 인중 위로 치켜올리고는, 손가락에 침을 묻혀 억지로 봉투 입구를 벌린 다음 주먹밥을 담아주는 것이었다. 나는 기차를 타고 서울로 돌아오면서 '위기관리의 프로토콜'이 잘못 전달되면 더 위험한 상황이 발생할 수도 있겠다는 생각을 했다. 마스크 착용을 의무화하고, 손세정제를 곳곳에 비치하는 등 코로나19 방역 프로토콜이 시행되고 있었지만, 정작 현장에선 손님에게 전달하는 음식 포장 봉투에 침을 묻히는 상황이 발생한 것이다.

아무리 사회적 거리를 유지하고 위생 수칙을 준수해도 그런 식으로 작은 구멍들이 하나하나 생기면 이제껏 해온 노력들이 모두 수포로 돌아갈 수 있다. 왜 그런 원칙들을 지켜야 하는지 명확하게 인식이 안 된 상태에서 그저 마스크를 쓰라니까 쓰고 있는 것이라면, 목적을 잊은 채 수단에만 집착하는 상황이 발생할 수 있다. 마스크를 써야 하는 이유가 비말로 인한 감염을 예방하기 위해서라는 걸 분명히 했다면, 손님에게 건네는 포장 봉투에 침을 묻히는 불상사가 발생하지 않도록 더 주의를 기울였을 것이다. 그것이 코로나19 방역 세부 지침에 명시되지 않았더라도 말이다.

온라인 신발 쇼핑몰 자포스Zappos는 높은 고객만족지수CSI, Customer Satisfaction Index로 유명하다. 자포스는 고객 응대 담당 직원들을 교육할 때 고객에게 전달해야 할 정보나 메시지를 일일이 정해주는 대신 "고객의 친구가 되어라"라는 원칙을 강력하게 강조한다고 한다. 오히려 그랬을 때 담당 직원들 각자가 디테일한 정보나 메시지를 그 원칙과 목적에 부합하도록 신중하게 선별했고, 덕분에 높은 고객만족지수를 유지할 수 있었다. 직원들이 디테일을 잘 챙기도록 하기 위해 세부 내용을 일일이 설명하고 확인하는 것보다는 '왜 디테일에 집중해야 하는지'를 명확하게 이해시키는 것이 더 중요하다. 이 부분이 충분히 인지되지 않은 상태에서 디테일만 챙기다 보면 오히려 중요한 부분을 놓칠 수 있다.

○●● 진정성이 일을 되게 만든다

자신이 이 일을 왜 하는지 아는 것, 그래서 일의 목적에 부합하는 결과를 만들어내겠다는 태도가 디테일을 만들어낸다. 일의 목적에 집중해서 가치를 창출하겠다는 마음가짐을 나는 '진정성'이라고도 표현한다. 일을 하다 보면 일의 목적을 놓치거나 만들어내야 할 핵심가치가 무엇인지를 잊어버릴 수 있다. 진정성은 자신이 그 일을 하는 이유를 잊지 않으려는 마음이며, 열심히 하는 데서 그치지 않고 반드시 일이 되게 하겠다는 의지이기도 하다. 여러 사례들을 통해 내가 얻은 인사이트는 '진정성을 갖추었을 때 디테일을 더 잘 챙길 수 있다'는 것이다.

미국에 출장갈 때 자주 이용하는 호텔이 있는데, 한번은 체크인을 하고 방에 들어서자마자 깜짝 놀랐던 기억이 난다. 베개 커버에 내 이름의 영문 이니셜이 새겨져 있는 것을 발견했기 때문이다. 이 호텔은 고객이 어떤 부분에서 감동하는지 정확하게 알고 있다는 느낌을 받았다. 그뿐만이 아니었다. 내가 외출하려고 며칠 전에 렌트해놓은 차를 불러달라고 요청했는데, 분명히 지저분했던 차가 완벽하게 세차되어 있었다. 호텔에서 준비해준 차가 아니라 내가 직접 렌트한 차였지만, 손님이 언제든 깨끗한 상태에서 사용할 수 있도록 미리 세차를 해두었던 것이다.

이런 섬세한 서비스를 받으면 제대로 대접받는 것 같은 기분이 든다. 아니, 그보다는 무언가 일을 제대로 하는 곳에 있다는 느낌이 들어 만족감을 배로 느끼게 된다. 이 호텔은 화려한 홍보나 비싼 광고 대신 세심한 디테일로 결정적인 차이를 만들어내는 곳이었다. 그 디테일은 '손님에게 최상의 서비스를 제공하기 위해서'라는 일의 목적을 정확하게 알고, 어떻게든 손님이 만족할 수 있는 결과를 얻겠다는 진정성을 갖고 일했기 때문에 가능한 것이었다.

구글에 입사하고 싶다는 의사를 밝히면서 메일을 보내오는 분들이 종종 있다. 그런데 메일을 읽어보면 정말 간절한 것 같은데도, 막상 이력서조차 첨부되지 않은 경우가 많다. 혹은 본인에게 어떤 아이디어가 있는데 구글에서 실행해보고 싶다는 내용의 메일을 보내신 분들도 있는데, 정작 그 아이디어가 구체적으로 어떤 것인지에 대한 설명은 없다. 본인의 개인정보를 노출하거나 자세한 아이디어를 공유하는 것이 난처한 여러 가지 이유가 있을 것이다. 하지만 그 메일을 보고 어떤 판단을 내려야 하는 입장에서는, 더구나 그와 유사한 메일을 자주 받는 입장에서는 아주 제한된 정보만 갖고 답변을 드리기가 정말 어렵다. 그분들에게 도움이 되는 답변을 드리기에는 정보가 모호하고 충분하지 않은 것이다. 메일을 보내주시는 분들도 이런 부분에 대해 고민을 해보면 좋을 것 같다.

거창한 무언가가 필요한 것은 아니다. 정말 누군가 그 메일을 검토해주길 진정으로 바란다면, 우선은 메일을 받아볼 사람의 입장에 서서 생각해보는 시간을 가져야 한다. 상대가 바쁜 업무 중에 메일을 읽게 될 텐테 어떤 부분들이 눈에 잘 띄어야 할지, 내 메일에서 무엇을 중점적으로 봐줬으면 좋겠는지, 어떻게 써야 궁금증을 유발해 답변까지 끌어낼 수 있는지 등등 메일을 쓰기에 앞서 디테일을 고민해보는 것이다. 가령 'TL;DR_{Too Long ; Didn't Read}(너무 길어서 읽지 않는다)'이라는 문구를 넣어서 바쁜 사람은 이것만 읽으면 된다고 별도로 요점 정리를 해서 보낼 수도 있다. 작고 사소한 방법처럼 보이지만 이런 디테일이 일의 결과에 미치는 영향은 '절대' 사소하지 않다.

○ ● ● 핵심역량을 탄탄하게 다진다

구글 컨퍼런스에서 하는 키노트는 회사 차원에서도 정말 중요한 홍보이자 고객과의 커뮤니케이션이기 때문에 특히 성공적으로 진행되어야 한다. 나는 앞에서도 말했지만, 키노트를 할 때 매우 절박한 심정으로 준비를 한다. 키노트에서 다루는 주제들은 대부분 머신러닝처럼 내 전문 영역과 관련 있는 것들인데, 이 내용을 청중이 쉽고 재미있게 이해할 수 있도록 최대한 구조화해서 전달하되, 한편으로는 깊이가 부족하다는 피드백이 나오지 않도록 세심하게 준비를 한다.

2017년 서울 장충체육관에서 열린 구글 컨퍼런스 〈Think 2017 with Google〉에서 나는 로봇과 인공지능이 적용된 사례를 설명하는 3분짜리 짧은 에피소드를 위해, 로봇공학자 데니스 홍 교수님께 여러 질문을 던져 수많은 정보를 습득한 후 그중 가장 중요한 몇 가지를 추려 발표에 활용하기도 했다. 컨퍼런스에 참석한 3천여 명의 관중에게 검증된 정보를 최대한 생생하게 전달하기 위해서였다. 이후 Think 2018, 2019에서도 중요한 내용을 수천 명의 참석자에게 전달하기 전에 항상 관련 분야의 구글 내외부 권위자들을 인터뷰해서 생생한 내용을 확인하면서 진행해 왔다.

전문가들은 근육을 단련할 때 '코어core 근육'이 가장 중요하다고 말한다. 코어 근육은 인체의 중심부인 척추, 골반, 복부를 지탱하는 조직으로, 이 근육이 강화되어야 나이가 들어도 등이 휘지 않고 곧은 자세를 유지할 수 있다. 나아가서는 신체의 균형 감각과 유연성을 키우는 데에도 코어 근육이 중요한 역할을 한다. 우리가 지속가능한 성장을 하는 데 있어서 코어 역할을 하는 것이 바로 자신의 '핵심역량'이다.

'농구의 신'으로 불리기도 했던 마이클 조던Michael Jordan에게 당시 NBA 신인이었던 디켐베 무톰보Dikembe Mutombo가 "당신이 농구의 신이라면 이 정도는 눈 감고도 넣을 수 있어야 하는 것 아닌가"라고 도발한 적이 있다. 이에 마이클 조던은 가만히 눈을 감고 농구공을 던졌고 자유투에 성공했다. NBA 팬이라면 대부분 알고 있는 이 기막힌 장면은 마이클 조던의 인기가 그냥 얻어진 것이 아니라 압도적인 실력과 연습량이 뒷받침된 것이었음을 입증하는 것이었다.

어떤 일을 하든 자신의 본과 핵심역량에서 '확실한 실력'을 갖추는 것이 가장 먼저다. 여기에서 확실한 실력은 '적어도 해당 분야의 직무교육을 처음부터 끝까지 할 수 있고, 어떤 질문이 들어와도 대응할 수 있으며, 무엇보다 끊임없이 공부하면서 실력을 꾸준히 업그레이드할 수 있는' 정도의 능력을 의미한다. 이렇게 핵심역량을 탄탄하고 깊이 있게 다져놓은 사람은 어떤 곳에서 어떤 사람과 일하든 성과를 창출하고 가치를 만들어낼 수 있다. 핵심역량이 중심을 잘 잡고 있으면 진정성 있는 고민과 디테일한 방법론을 통해서 결국 일이 되게 할 수 있다.

우리가 긴장의 끈을 놓지 않고 계속 공부해야 하는 이유도 여기에 있다. 한 달간 열심히 코어 운동을 한 덕분에 배에 복근이 생겼다고 해서 곧바로 운동을 그만두는 사람은 없다. 복근이 목표가 아니라 건강이 목표였기 때문이다. 마찬가지로 정말 실력 있는 사람은 '이 정도면 되겠지'라는 타협을 하지 않으며, 그래서 계속 공부하고 계속 성장한다.

자신의 한계를 뛰어넘는
사람들의 성장법

○ ● ● **예전에 하지 않던 일 해보기**

4차 산업혁명의 도래와 더불어 코로나19 팬데믹으로 발생으로 미래에 대한 불확실성이 강조되면서 경제학에서 글로벌 동향을 설명할 때 '뷰카VUCA 시대'라는 용어를 사용하고 있다. 뷰카는 변동성Volatile, 불확실성Uncertainty, 복잡함Complexity, 모호성Ambiguity의 약자인데, 원래는 즉각적이고 유동적인 대응 태세와 경각심이 요구되는 상황을 나타내는 군사 용어였다.

뷰카 시대에는 우리 개인들도 각자의 '뉴노멀new normal', 즉 새로운 기준을 정립하는 것이 필요하다. 특히 새로운 기준이 필요한 것은 '속도speed'다. Part 1에서 언급했듯이, 오늘날 우리는 예전에 경험해보지 못한 전혀 다른 속도의 시대를 살고 있기 때문이다. 두 번째는 '우선순위priority'다. 예전에는 맛과 서비스 등이 식당을 선택하는 우선순위 기준이었다면 지금은 위생과 안전이 식당을 선택하는 새로운 기준이 된 것처럼 우리는 달라진 환경에 맞는 새로운 우선순위를 고민하고 의사결정을 해야 한다.

여기에서 내가 특히 강조하고 싶은 것은 세 번째인 '등식equation'이다. 뷰카 시대에는 기존의 성공방정식이나 원칙들이 더 이상 유효하지 않다. 따라서 우리는 당연시했던 지식이나 경험에서 탈피해 새로운 지식과 경험을 쌓을 수 있어야 한다. 그러려면 이전과는 다르게 생각하고 다르게 행동해볼 필요가 있다. 하지만 이것이 쉽지 않은데, 그 이유는 인간에게 '경로의존성path dependence'이라는 사고 습관이 있기 때문이다. 경로의존성이란 사회심리학 용어이기도 한데, 법률, 관습, 문화, 지식 등이 한번 형성되어버리면, 시간이 지나고 여러 환경적 조건이 변경하였음에도 기존의 형태나 내용이 달라지지 않고 그대로 유지된다는 경향성을 뜻한다. 그만큼 다르게 생각하는 일이 정말 어렵다는 얘기다.

우리는 매일 다니던 길로 다닐 때 마음이 편해지고, 어제와 똑같은 방식으로 일할 때 불안감을 느끼지 않는다. 따라서 변화를 시도할 때 한꺼번에 모든 것을 바꾸려고 하기보다는 매일의 일상에 조금씩 변형을 주는 방식으로 접근해보는 것이 좋다. 조금씩 다르게 생각하고 다르게 행동하다 보면 시선은 자연스럽게 다른 곳을 향하게 되고, 관점은 다양해진다. 예전에는 미처 보지 못했던 것을 돌아보고, 들리지 않았던 것이 들릴 테니 말이다. 나에게 입력되는 데이터가 달라지니 관점도 달라질 수밖에 없다.

아주 간단한 일부터 시도할 수 있다. 출퇴근할 때 평소와 다른 길로 가보거나 다른 교통수단을 이용한다든지, 평소 데면데면하게 지내던 사람에게 먼저 인사를 하고 말을 건네보는 거다. 항상 자주 가던 시장 대신 옆 동네 시장에서 장을 봐보는 것이다. 늘 보던 사람이 아닌 새로운 사람과 마주치게 된다. 늘 따뜻한 아메리카노만 마셨다면, 가끔 차가운 라떼를 마셔보는 것도 좋다. 커피에 대한 새로운 감각을 갖게 될 수도 있다. 습관을 바꾸고 행동을 바꾸면 새로운 환경에 놓이고 새로운 관점을 갖게 된다.

미국의 심리학자 하워드 가드너Howard Gardner 교수는 이미 30년 전에 '인간이 단일적 정신적 기능'을 지니고 태어난다는 것에 이의를 제기하고 "인간은 인생의 다양한 측면에 적용되는 지능을 개발할 수 있으며 무수한 잠재력을 지니고 있다"라는 주장을 내놓았다. 나는 나의 잠재력이 어느 정도일지 궁금할 때가 있다. 언제부턴가 '인생은 한 번 사는 거'라고 하는데 지금까지 내가 알고 있는 모습이 정말 나의 전부일까'라는 생각도 하게 되었다. 한창 이런 고민을 하던 내게 다중지능multiple intelligence을 전공한 누나는 "사람의 사고 처리 과정Tninking Process은 인생의 여러 국면에 걸쳐서 굉장히 다채롭고 컬러풀하고 변화무쌍하게 나타난다"라고 말해주기도 했다.

나는 새로운 내 모습을 한번 찾아보겠다고 결심하고는 그동안 해보지 않았던 것을 하기로 했다. 바로, 손을 들고 질문하는 것과 사람들 앞에서 발표하는 것이다. 대학교 졸업 후 컨설팅회사를 다닐 때부터 마음먹은 대로 조금씩 시도를 해보았는데, 처음에는 프레젠테이션할 때마다 심장이 터질 것 같고 눈앞이 새하얘졌다. 그런데도 '죽기야 하겠어'라는 심정으로 끊임없이 시도하고 수없이 노력했다. 차츰 긍정적인 반응을 보여주며 응원해주시는 분들이 늘어났다. 물론 부정적인 피드백도 있었지만, 열심히 듣고 어떻게 고치면 좋을지 밤낮으로 고민했다. 그렇게 시간이 차츰 지나더니 어느샌가 스스로 놀라울 정도로 사람들 앞에서 말하는 것이 익숙해진 내 모습을 발견하게 되었고, 더욱이 전혀 예상하지 못했던 새로운 기회를 잡게 되었다.

어느 강연회에 참석했다가 강연 중 손을 들고 질문을 한 적이 있다. 그런 나를 인상 깊게 보셨는지 강연자분이 나에게 찾아와 잠깐 이야기를 나누고 싶다고 제안하셨다. 그래서 운이 좋게도 그분과 일대일로 대화를 하게 되었고, 이메일 주소까지 전달받아 간간이 소식을 주고 받는 사이가 되었다. 그때 만나게 된 강연자 분이 내가 구글로 이직할 수 있도록 도와주고 이끌어준 분이기도 하다.

○ ● ● 반복할 수 있는 작은 습관을 가지기

20세기의 가장 위대한 과학자 중 한 명인 아인슈타인은 "똑같은 일을 비슷한 방법으로 계속하면서 나아질 것을 기대하는 것만큼 어리석은 일은 없다"라고 말했다. 경영의 구루 피터 드러커는 "격변기에 있어 최대의 위험은 변화 그 자체가 아니라 과거의 방식으로 행동하는 것이다"라는 말을 남겼다.

변화와 숙명은 인간에게 주어진 당연한 의무이자 과제다. 하지만 뷰카의 시대를 맞이한 지금에조차 우리에게 변화와 혁신은 결코 쉬운 과제가 아니다. 그래서 나는 당장에 눈길을 확 끄는 거창한 계획을 세우기보다는 자기 스스로 꾸준히 실천할 수 있는 방법론을 찾는 것이 훨씬 생산적이고 중요하다고 생각한다.

예전에는 연말이나 연초가 되면 직원들을 대상으로 '해병대 전략 캠프'로 입소를 권하는 기업이 꽤 많았다. 신입사원 연수에 해병대 캠프를 도입하거나 병영체험행사를 1박 2일 일정에 걸쳐 개최하기도 했다. 혹독한 훈련을 통해 정신무장을 새로이 하고 도전의식을 키우려는 의도였다는데, 하루이틀 힘들고 나면 대부분 "와, 너무 힘들었어" 하고는 잊어버리고 만다. 외부에서 받은 강한 충격을 자기 것으로 소화해낼 시간을 주지 않기 때문에 그냥 '충격'만 받고 끝나버리는 것이다.

만일 '직원들의 동기부여'가 목적이라면 해병대 캠프와 같은 일회성 이벤트가 아니라 매일 하는 회의에서 5분씩만 할애해서 색다른 뭔가를 해보는 것이 효과가 더 높을 것이다. 짧은 시간이라도 반복적으로 부드럽게 스며들어야 자신의 것으로 만들어서 변화든 성장이든 필요할 때 써먹을 수 있는 무기가 된다. 자극의 크기와 강도보다 반복적으로 자극받을 수 있는 여건이 더 필요하다는 얘기다.

사내 승진시험을 준비하기 위해서 TOEIC 시험 응시 계획을 세울 때 대부분 '매일 출근 전 새벽에 학원에 다니고 퇴근 후에도 두 시간씩 공부하겠다'와 같은 식으로 열정적인 목표를 앞세운다. 하지만 회사에서 일하면서 공부까지 병행하는 일은 생각처럼 녹록지 않다. 얼마 지나지 않아 몸은 지쳐가고 성적도 예상한 점수보다 낮게 받게 되면 "아, 이번 생은 글렀어"라며 쉽게 포기해버리고 만다.

이럴 때 나는 "매일 무엇이든 10분씩 3년을 할애해서 꾸준히 해보세요"라고 조언한다. 영어 공부뿐 아니라 어떤 영역에서 지식을 습득하고자 한다면 반복적으로 꾸준히 하는 것이 중요하다. 그리고 자신이 좋아하고 편하게 접근할 수 있는 방법을 찾아야 한다. 가령 독서를 통해서 정보를 습득하는 것도 좋은 방법이지만, 자주 이동해야 하거나 활자에 익숙하지 않은 사람에게는 유튜브가 좋은 방법이 될 수 있다.

내 경우에는 특히 운동 습관을 기르는 것이 쉽지 않았다. 일단 피트니스센터에 가면 어떻게든 운동을 시작하긴 하는데 센터까지 가는 것 자체가 고된 일이었다. 결국 생각해낸 것은 '하루에 딱 10분만 집중하자' 그리고 '운동하러 가는 것을 습관으로 만들자'였다. 시간이 부족하든 여유가 있든 피트니스센터에서 딱 10분만 머물렀다. 어떤 날은 피트니스센터에 다녀오기만 한 적도 있었다. 나는 일단 운동하러 '가는' 습관을 들이고, 그다음 운동 시간을 차츰 늘려나가는 계획을 세웠다. 갑자기 새롭게 무언가에 도전하기보다 평소 자신의 일상에서 조금씩 바꿔나가는 것이 좋다. 단 매일 어렵지 않게 시작할 수 있고, 반복적으로 시도할 수 있도록 작은 습관을 만들어야 한다. 처음부터 1시간씩을 목표로 운동 계획을 잡는다면 하루 루틴으로 만들 수 없었을 것이다.

"사람은 안 바뀐다"라고 하는 분들도 있는데, 우리는 간혹 바뀐 사람들을 만나게 된다. 누군가 '안 바뀐다'고 말한다면 그것은 자신을 혁신하는 방법론이 잘못되었기 때문이다. 세상을 바꾼 위대한 발명도 알고 보면 작은 발견에서 시작되었고, 세계적인 명성을 얻은 기업가들도 작은 성공을 착실히 쌓아서 큰 성공으로 만들었다. 자신에게 맞는 방법을 잘 찾으면 어떤 사람이든 변화할 수 있고 성장할 수 있다. 그러니 당장 시도해보자. 변화의 시작이 작은 습관을 만들어 루틴으로 삼는 일일 수 있으니 말이다.

○●● 습관을 만드는 시간 사용법

작은 습관을 루틴으로 만들려면 자투리 시간들을 효율적으로 활용하는 것이 중요하다. 외부 미팅을 위해 이동하는 시간, 음식을 주문하고 기다리는 시간, 5~10분 남짓의 짧은 시간을 효과적으로 사용해야 한다. 구글에서는 이를 마이크로 모먼트micro moment(순간의 시간)라고 하는데, 나는 조금 다르게 해석해서 '3D 시간 사용법'이라고 표현한다.

만약 오후 2시로 예정된 비즈니스 미팅을 하기 위해 1시 30분에 회사에서 자동차를 타고 출발한다고 하자. 그러면 나는 구글

캘린더의 해당 시간에 '이동'이라고 기록하는 대신 내가 시청해야 할 유튜브 채널 이름을 적어놓는다. 나는 비즈니스 영어를 좀 더 유려하게 하고 싶어서 영어 관련 유튜브를 시청할 때가 많은데, 그럴 때 미리 이런저런 방송들을 검색해본다. 그리고 나에게 도움이 될 만한 채널들을 틈틈이 체크해서 적어두곤 한다.

'30분'이라는 하나의 시간 프레임에 '이동'과 '영어 공부'라는 두 가지 활동을 동시에 진행하게 되니, 마치 3D 영상처럼 시간을 입체적으로 활용하게 되는 셈이다. 하루를 24시간이 아니라 마치 28시간처럼 쓸 수 있게 된다. 매일 이렇게 살면 너무 피곤하고 정신없지 않을까 염려될 수도 있지만, 일단 습관이 되면 오히려 하고 싶은 일을 할 시간들이 조금씩 생긴다. 반드시 시간을 내서 해야 한다고 미루기만 했던 일들을 틈틈이 시도해볼 여유가 생기는 것이다.

자투리 시간을 활용하는 데 익숙해졌다면, 이제는 자신이 가장 높은 집중도로 일할 수 있는 시간대를 파악해야 한다. 나는 새벽 5시에 출근할 때도 있는데, 출근을 하면 우선 내 개인 업무를 집중적으로 처리해놓는다. 9시부터는 주로 팀원분들과의 커뮤니케이션 또는 파트너사와의 미팅에 시간을 할애한다. 워낙 커뮤니케이션이 왕성하게 이뤄지는 회사이기 때문에 9시가 되면 오히려 개인 업무에 집중할 시간이 부족해진다. 일과 이후 저녁 시간에 개인 업무를 해본 적도 있었지만 부득이하게 일정이 생기는 경우들이 종종 있었고, 나 스스로 아침에 일을 할 때 가장 집중해서 일할 수 있다는 사실을 깨달았다.

시간 활용법과 관련해서 마지막으로 유념해야 할 점은 반드시 일에 대한 우선순위를 정해야 한다는 것이다. 나는 스스로에게 늘 최고의 선물을 해주려고 하는데, 일을 할 때 확실한 동기부여가 되기 때문이다. 진행하던 프로젝트가 마무리되면 좋아하는 음식을 먹으러 가거나, 평소에는 가보지 않았던 고급 레스토랑에 갈 때가 있다. 이때는 일부러 시간을 내려고 한다. 우선순위를 분명하게 정해놓지 않으면 해야 할 일만 하느라 정작 자신이 좋아하는 일을 할 시간은 없어지니 말이다.

시간이라는 자원은 한정되어 있다. 아무리 노력한다고 한들 하루 24시간을 더 늘릴 수는 없다. 최대한 효율적으로 활용하는 방법을 찾을 수밖에 없다. 흘러가는 시간을 어떻게 활용할 것인지 고민하는 사람과 그렇지 않은 사람의 격차는 굉장히 커질 수밖에 없다.

○ ● ●　실패를 통해 배우기

　　스스로에 대해 잘 알게 될 때는 언제일까? 실패를 했을 때가 아닐까 싶다. 우리는 성공했을 때보다 실패했을 때 자기 자신에 대해 더 많이 숙고하게 된다. 그렇다고 '내가 무엇을 잘못한 걸까, 나의 문제는 뭐였을까'라며 실패의 원인을 모두 자신의 탓으로만 돌려서는 안 된다. 일의 과정과 결과를 따져보기에 앞서 좌절부터 해버린다면 실패를 겪고 나서도 아무것도 배울 수 없다. 실패를 주변의 탓으로 돌리며 분노를 드러내는 것 역시 무언가를 배울 수 있는 기회를 스스로 차버리는 태도다. 실패에서 무언가를 배우려면 실패를 인정하고 자신의 부족함을 채우고 한 단계 도약할 수 있는 성장의 기회로 삼아야 한다.

　　미국 제너럴일렉트릭GE의 최고경영자였던 잭 웰치Jack Welch는 고등학교 시절 아이스하키부 주장이었다. 아이스하키 대회에서 아쉽게 패한 그는 씩씩거리며 로커룸으로 들어와서는 하키채를 바닥에 내동댕이쳤다. 그 모습을 본 그의 어머니는 이렇게 말했다. "패배를 받아들일 줄 모르면 승리하는 방법도 알 수 없어. 이 사실을 깨닫지 못한다면 너는 더 이상 경기에 참여할 자격이 없어!" 훗날 잭 웰치는 어머니가 따끔하게 알려주신 이때의 가르침이 최고경영자로서 자신의 성공에 커다란 자양분이 되었다고 회고했다.

잭 웰치뿐만 아니라 성공한 사람들은 모두 한 번도 실패를 경험해본 적이 없는 사람이 아니다. 오히려 이제껏 겪었던 실패에서 무언가를 깨닫고, 그 깨달음을 동력으로 계속해서 자신을 혁신하고 성장을 이뤄낸 사람들이다.

언젠가 학부모를 대상으로 한 강연회에서 나에게 질문을 던진 분이 계셨다. "우리 애가 학교에서 팀 프로젝트를 하게 됐어요. 근데 1등을 하고 싶어서 열심히 했는데, 다른 팀원들이 잘 안 도와줘서 2등을 했다는 거예요. 2주 동안 울면서 너무 괴로워하더라고요. 이럴 땐 어떻게 말해 줘야 할까요?"

그때 나는 이렇게 말씀드렸다. "아이에게 굉장히 좋은 경험을 했다고 말씀해주세요. 언젠가는 꼭 배워야 할 교훈을 비교적 수월한 경험을 통해 일찍 배웠다고요. 그래서 오히려 감사해야 한다고요." 내 말을 가만히 듣고 계시던 학부모님은 그 이유를 물어보셨고, 나는 또 이렇게 대답을 드렸다. "그 학생이 나중에 학교를 졸업하고 사회에 나가게 되면 분명 훨씬 더 똑똑한 사람들과 경쟁해야 하는 상황에 맞닥뜨릴 겁니다. 경쟁자들은 분명 한국인에만 국한되지 않을 테고 미국인이나 중국인 등 국적뿐 아니라 살아온 배경이 완전히 다른 상대일 수 있습니다. 그런데, 실패에 대한 경험도 없고 배움도 부족한 상태에서 그들과 경쟁하다 행여라도 무기력하게 패배한다면 어떻게 될까요? 아마 그 패배의 결과는 걷잡을 수 없을 겁니다. 실패에 대한 면역력이 없으니까요. 그렇다면 과연 지금 1등을 하는 것이 중요할까요?"

앞에서도 말했지만 프로 운동선수 대부분이 가장 부러워하고 아쉬워하는 것이 아마추어 시절의 연습 시간이라고 한다. 막상 프로에 진출해 보니 지금까지보다 더 치열하게 경쟁해야 하는 상황에 놓였는데, 아마추어 시절과 비교해 스스로를 단련할 시간이 절대적으로 부족하기 때문이다. 더 많이 연습하지 못한 것, 더 많은 실패 경험을 갖지 못한 것을 떠올리며 지난날을 아쉬워하는 프로 운동선수들의 모습은 우리에게 시사하는 바가 적지 않다. 흔들림 없는 성공은 수많은 단련과 실패 경험을 기반으로 한다는 사실을 잊어선 안 된다.

아마도 그 학생은 팀 프로젝트를 하면서 다른 사람과의 협업이 얼마나 어려운지를 알게 되었을 것이다. 그렇다면 협업을 잘해 내려면 무엇이 중요한지, 의견이 다른 사람들과 어떻게 합의를 이끌어낼 것인지 등 팀 프로젝트를 하면서 겪은 갈등에서 무언가를 배우기 위해 노력해야 한다. 그렇게 한다면 나중에 전 세계 전문가들과 경쟁을 하게 되든 협업을 하게 되든 분명 큰 도움이 될테니 말이다. 실패를 통해서도 배울 수 있는 사람, 실패의 경험을 마주해서 자기 자신에 대해 더 잘 알게 되는 사람, 이런 사람은 성공만 해온 사람보다 훨씬 더 빠르게 더 높게 성장할 수밖에 없다.

○●● 생각했다면 실행한다

　어느 날 유튜브에서 굉장히 인상적인 영상을 보았다. 나이 많은 수컷 고릴라 한 마리가 길 한가운데에 버티고 있고, 그 앞으로 다른 고릴라들이 무리를 지어 천천히 지나가는 장면이었다. 차와 사람이 함께 이용하는 도로라 위험할 수 있는 큰길에서 수컷 고릴라는 무리가 다 건너고 나서야 비로소 자신도 움직이기 시작했다. 이 장면에서 나는 '아, 바로 저게 행동으로 보여주는 리더십이지!' 하고 무릎을 쳤다. 그 수컷 고릴라처럼 자신의 역할을 책임감 있게 수행하는 리더야말로 팀원들에게는 함께하고 싶고, 신뢰가 가는 존재일 것이라는 생각이 들었다. 자신이 안전하게 지나갈 수 있도록 옆에서 묵묵히 지켜보는 수컷 고릴라를 보는 어린 고릴라들도 분명 무리를 이끄는 리더가 되었을 때 똑같이 행동할 것이다.

　때로는 활자보다 역동적인 움직임을 담은 영상이 훨씬 더 강렬한 인상을 남기는 것처럼, 말로 무언가를 전하기보다 행동으로 직접 보여주는 방식이 훨씬 효과적으로 메시지를 전달한다. 행동으로 보여주는 것을 '솔선수범'이라고 표현하는데, 팀원들의 변화를 즉각적으로 이끌어내려고 할 때 이만큼 강력한 방법은 없다. 아무리 명분과 취지를 자세하게 설명하고 심지어 결과에 따른 보상과 인센티브를 강조한다고 하더라도, 리더가 직접 나서서 실천하는 것만큼 직원들에게 트리거가 되는 요소는 없다.

구글의 시니어 리더들은 매니저인 나에게 "팀원분들을 많이 이해하고 배려해야 합니다"라는 조언을 자주 한다. 특히 신정인 상무님은 팀원들이 개인 업무로 바쁘다는 점을 항상 이해하려고 노력해야 한다고 부드럽지만 '확실하게' 강조하신다.

한번은 서둘러 정리해야 하는 엑셀 작업이 있어 팀원분들에게 부탁하려고 했는데, 그때 상무님이 "용민 님, 이 엑셀 작업 팀원분들에게 부탁하지 말고 저와 같이 마무리하면 좋겠어요"라고 말씀하셨다. 팀원분들에게 요청하면 일이 빨리 끝날 수도 있지만, 상무님은 팀원분들이 지금 몰두하고 있는 각자의 업무에 더 집중할 수 있도록 배려하셨던 거다. 더욱이 말로만 하시는 게 아니라 직접 엑셀 파일을 열어 작업을 해버리시니 "팀원분들을 많이 이해하고 배려해야 합니다"라는 조언이 그 어느 때보다 가슴에 와닿았다. 먼저 행동하지 않고 지시만 내린다면, 말과 행동이 일치하지 않는다면, 리더로서 영향력을 발휘해야 할 때 구성원들의 마음을 움직일 수 없다. 자신의 생각을 직접 '행동으로 보여

• 무리가 길을 건널 때까지 기다리는 리더 고릴라 •

주는 리더십'이 필요하다.

나는 '행동력'이 조직 생활뿐 아니라 자기 삶을 혁신하기 위해서도 꼭 필요하다고 생각한다. 나는 더 공부하고 싶고 앞으로 계속 성장하고 싶다. 여러분도 크게 다르지 않을 것이다. 우리는 하루에도 수없이 생각하고 다짐한다. 하지만 생각만으로는 결코 성장할 수 없고 말만으로는 혁신을 이끌어낼 수 없다. 직접 실행해보지 않으면 무엇이 나에게 맞는 방법인지, 무엇이 잘못되었는지를 알아낼 수 없다. 머릿속으로 목표를 세웠다면 일단 움직인다. 행동으로 옮겨본다. 수정과 보완은 그다음 단계에서 생각해도 된다. 삶은 마음먹은 대로 달라지지 않고 실행하는 대로 변화한다. 이 책의 마지막에 '행동하는 리더십'을 강조하는 데에는 여기에 이유가 있다.

4차 산업혁명의 시대에 지속가능한 성장을 위해 필요한 역량으로 트렌드 새비, 딥씽킹, 컬래버레이션의 세 가지를 들어 설명했다. 그 과정에서 구글에서 일하는 동안 직접 부딪히면서 깨닫게 된 것들과 저마다의 관점으로 세상을 보는 동료들에게서 받은 인사이트도 함께 전했다. 그 속에 풀어낸 다양한 사례와 이야기를 읽으며 생각이 달라지거나 새로운 계획을 세우게 된 분도 있을 것이다. 하지만 직접 실행해보지 않으면 그 어떤 변화도 생기지 않는다. 대체불가능한 인재, 지속가능한 성장, 탁월한 성과.

모두 거창해 보이지만, 생각하고 고민해서 나온 계획들을 끊임없이 시도하면 충분히 이뤄낼 수 있는 것들이다.

자신이 가장 행복한 순간이 언제인지를 떠올려보고, 그 이유가 무엇인지를 찬찬히 생각해보기 바란다. 그리고 앞으로 그러한 순간들을 더 많이 만들기 위해 무엇을 해야 할지 계획을 세워보고, 몸을 움직여 실행하길 바란다. 이는 내가 나 자신에게 늘 바라는 모습이고, 여러분들 역시 그렇게 되길 바란다.

언바운드

초판 1쇄 2021년 9월 1일
초판 10쇄 2024년 7월 1일

지은이 | 조용민

발행인 | 문태진
본부장 | 서금선
편집 1팀 | 한성수 송현경 유진영

기획편집팀 | 임은선 임선아 허문선 최지인 이준환 송은하 이은지 장서원 원지연
마케팅팀 | 김동준 이재성 박병국 문무현 김윤희 김은지 이지현 조용환 전지혜
디자인팀 | 김현철 손성규   저작권팀 | 정선주
경영지원팀 | 노강희 윤현성 정헌준 조샘 이지연 조희연 김기현
강연팀 | 장진항 조은빛 신유리 김수연 송해인

펴낸곳 | ㈜인플루엔셜
출판신고 | 2012년 5월 18일 제300-2012-1043호
주소 | (06619) 서울특별시 서초구 서초대로 398 BnK디지털타워 11층
전화 | 02)720-1034(기획편집) 02)720-1024(마케팅) 02)720-1042(강연섭외)
팩스 | 02)720-1043   전자우편 | books@influential.co.kr
홈페이지 | www.influential.co.kr

ⓒ 조용민, 2021

ISBN 979-11-91056-92-1 (03320)